Cartas de amor de Édith Piaf

Cartas de amor de Édith Piaf

Tradução de Anna Maria Capovilla

Amarilys

Título original em francês: *Mon amour bleu – Lettres inédites*

Amarilys é um selo editorial Manole.

Este livro contempla as regras do Acordo Ortográfico da Língua Portuguesa, que entrou em vigor no Brasil.

Capa, projeto gráfico e editoração eletrônica
Daniel Justi

Imagem da capa
Courtesy Everett Collection/Everett/Latinstock

Preparação e revisão
Depto. editorial da Editora Manole

Cartas publicadas com a gentil colaboração do
Musée des Lettres et Manuscrits – 222, boulevard Saint-Germain – 75006 Paris

Dados Internacionais de Catalogação na Publicação (CIP)
(Câmara Brasileira do Livro, SP, Brasil)

Piaf, Édith, 1915-1963.
Cartas de Édith Piaf / tradução de Anna Maria Capovilla. -- Barueri, SP : Amarilys, 2012.
Título original: Mon amour bleu.
ISBN 978-85-204-3401-7
1. Cartas de amor 2. Piaf, Édith, 1915-1963
I. Título.

11-13028 CDD-808.6

Índices para catálogo sistemático:
1. Cartas de amor : Retórica : Literatura
808.6

1ª edição brasileira – 2012

Editora Manole Ltda.
Avenida Ceci, 672 – Tamboré
06460-120 – Barueri – SP – Brasil
Tel. (11) 4196-6000 – Fax (11) 4196-6021
www.manole.com.br | www.amarilyseditora.com.br
info@amarilyseditora.com.br

Impresso no Brasil | *Printed in Brazil*

Índice

Créditos fotográficos

Reprodução de todas as cartas:
© Musée des lettres et manuscrits/Paris

Caderno de imagens:
P. 1: © Time & Life/Getty Images
P. 2: © Diomedia/Heritage Images
P. 5: © Diomedia/Lebrecht/Maurice Seymour
P. 6: À esquerda, © Time & Life/Getty Images
À direita, © Photo Presse Sports
P. 8: © Time & Life/Getty Images
P. 12: À esquerda, © Photo Presse Sports
À direita, © AFP
P. 14: © Photo Presse Sports

Os desvarios do coração e do corpo

"A onipotência do amor talvez jamais se manifeste
de maneira mais intensa do que nos desvarios."
Freud, *Três ensaios sobre a teoria da sexualidade*, 1905.

Junho de 2009. Uma correspondência amorosa inédita de Édith Piaf, composta de mais de cinquenta cartas manuscritas entre novembro de 1951 e setembro de 1952, é leiloada pela Christie's no final do mês, provocando grande agitação na imprensa. Mas qual é a verdadeira surpresa? O destinatário, até então mantido em segredo, desafia Marcel Cerdan pelo posto mais alto do pódio no qual rivalizam os numerosos amantes da pequena grande dama de ferro da música popular francesa. Na verdade, um exame mais atento deixava perceber que alguma coisa faltava na sua cronologia sentimental. Porque, ao analisar a lista – Louis Dupont (1932-1935), Louis Leplée, sem dúvida (1936), Raymond Asso (1937), Paul Meurisse (início dos anos 1940), Michel Emer, Yves Montand (1944-1946), Jean-Louis Jaubert (1947), Marcel Cerdan (1948-1949), Tony Franck (final de 1949), Eddie Constantine (1950), André Pousse (início de 1951), Jacques Pills (com quem ficou casada de julho de 1952 a 1956), Douglas Davis

(1957), Georges Moustaki (1958) e Théo Sarapo (com quem se casou em 1962) – nota-se um vazio temporal entre "André" e "Jacques". É nesse intervalo, precisamente, que se encaixa Louis Gérardin, durante um período de oito meses. Por que essa mulher voraz nunca conseguia ficar sem um homem? Por que sempre precisou de alguém que a tomasse nos braços e a carregasse para a cama, de alguém que fizesse seu coração bater mais forte, que a arrebatasse, que tornasse a vida cor de rosa e a levasse a querer recomeçar (ou dar-lhe a ilusão de recomeçar) tudo do zero? A razão é que, apesar de sua rica, nunca libertina, vida amorosa, Piaf jamais poderia cantar, como Leporello na ópera *Don Giovanni*, *Mille e tre* amantes – a comparação triunfal do amor-prazer –, mas exclusivamente o *amor*-paixão com A maiúsculo, o *único* com U maiúsculo, o amor-*hino* com H maiúsculo, o *amour* que em suas letras rima eternamente com *toujours*, e o verbo *aimer* com *en crever* (morrer precisamente de amor), numa rajada de trêmulos simplíssimos, fortes, de uma rusticidade autêntica, que levados por sua imensa voz, potencializam como ninguém o drama dessa intérprete trágica de carne e osso, arrancando em cena, noite após noite, a própria alma, vibrando como nunca.

E também porque o "mito Piaf" foi construído sobre uma existência oprimida por uma lendária bagagem de miséria, desgraças, sofrimentos, excessos, de transbordamentos de amor, lágrimas e vícios de que suas canções constituem um resumo biográfico depurado, a trilha sonora existencial transposta em suas imortais estrofes e bordões. Nada mais fácil que ler suas cartas íntimas como outros tantos múltiplos esboços, rascunhos incansavelmente revistos, modulados, cadenciados, em suma, como palavras que um dia se tornarão música, ou perceber em seus temas epistolares a remontagem, o eco (até mesmo a antecipação) das letras de suas canções.

Desse ponto de vista – como de tantos outros –, a correspondência de Piaf com Gérardin é exemplar. Mas antes algumas palavras sobre o novo escolhido que ressurge do além, Louis Gérardin (1912-1982), apelidado por todos Totó.

Nasceu em 1912 em Boulogne-Billancourt, onde passou toda a sua vida. É o rei da pequena rainha. De início, desenhista nas fábricas da Renault, estreia no ciclismo em 1928 e logo ganha o título de campeão de Paris. Sua especialidade é o *sprint* em pista, ou seja, a aristocracia do ciclismo, um panteão no qual, sobre as pistas de madeira dos velódromos, esses verdadeiros "galgos" em camiseta de seda, meias imaculadas esticadas sobre panturrilhas polidas como marfim, arrancam por duzentos metros à velocidade média de 120 giros de pedal por minuto. Num dos contos do seu livro *Ouvert la nuit*, publicado em 1922, Morand[1] lembra em termos vigorosos (mesmo descrevendo uma prova de resistência) dos bastidores, da gíria e da atmosfera da *Six-Jours* (a corrida de seis dias de duração) na qual, a cada ano, se desafiavam os melhores ciclistas em equipes de dois no Vel' d'Hiv, na época um evento muito parisiense, festivo e popular: "O australiano tentava distanciar-se do bloco. As arrancadas começavam. Por cima dos cartazes de propaganda, vi os traços tensos, os olhares ardentes dos espectadores. Uma orquestra explodiu em sons. Latriche cantava. *'Hardi coco!'* era o grito da multidão incentivando a caravana. Os dezesseis corredores passavam novamente, em

1 Paul Morand (1888-1976), escritor e dramaturgo francês. (N.E.)

bloco, a cada vinte segundos, vigiando-se em pelotões compactos...". Como Petitmathieu, o principal destaque dessa "Noite dos Seis-Dias" que o narrador descreve descansando "de rosto limpo, barbeado, boa pinta num roupão de caxemira", o *sprinter* Gérardin impõe-se pelo físico e pelos prêmios. Belo porte elegante, corpo magnífico, esculpido na academia, cabelos dourados ondulados à la Brummell, olhos da cor azul do aço, sempre trajado impecavelmente, foi campeão mundial amador de velocidade desde 1930 (vice em 1936, 1947 e 1948), depois dez vezes campeão francês de velocidade entre 1932 e 1950. Respeitado por sua excelente técnica e seu prestígio, irá se tornar, sempre alinhado e bem apessoado, um dos melhores treinadores da equipe francesa por sua disciplina; seus pupilos acumularam os recordes do mundo e as medalhas de ouro olímpicas nos anos 1960 e 1970 (principalmente Morelon, seu filho espiritual, e Trentin). No início dos anos 1950, além da elegância e dos troféus, ele se sobressai ainda mais entre os colegas por ser uma pessoa culta, de interesses variados, mas também à vontade nas noitadas com os colegas corredores e, como eles, versado na gíria e na galhofa. Um senhor bastante atípico, portanto – casado desde 1940, sem filhos –, e que Piaf indubitavelmente conheceu por intermédio de sua paixão anterior, "Dédé" Pousse (1919-2005), ciclista que logo se tornou ator e que encontramos costumeiramente em papéis de gângster nos filmes de Audiard, Verneuil ou Lautner.

Assim como hoje o dos jogadores de futebol, na época, o poder de sedução dos campeões de boxe e de ciclismo sobre o público feminino estava no auge. Sua aura era solar. Em *Forcenés*, sensacional compêndio poético dedicado aos feitos dos gênios populares no ciclismo francês, Philippe Bordas os descreve com precisão como "cheios de extravagâncias e de troféus, em cabriolés alugados, com cadeira cativa na *Comédie Française*, torrando dinheiro nas corridas de cavalos e correndo atrás das mulheres de sobrancelhas pintadas, abusando do álcool e do ópio". Nessa época, os mundos do espetáculo e do ciclismo eram muito permeáveis. A cantora Lily Fayol casou com o ciclista Georges Roux. Michèle Mercier teve uma paixão pelo belo Henri Subartis (cuja participação na prova Paris-Roubaix, de 1954, sob o efeito da cocaína, provocou enorme estardalhaço). Danielle Darrieux gostava de ser fotografada ao lado deles. Se obviamente Édith Piaf não possui a estética das anteriores (1,45 metro, parecendo mais velha do que era pelos estragos do álcool e da morfina), sua feroz determinação, somada ao poder que lhe confere sua condição de magnético ídolo nacional, é tão intensa que ela arrebata o cobiçado prêmio: Totó, o mais belo. Do começo ao fim, Piaf estará absolutamente deslumbrada. Perfeito, o corpo do seu amante é uma festa para os olhos e cada carta o exalta até a exaustão: "tuas belas coxas", "tuas lindas nádegas", "teus belos braços", "tuas belas mãos", "teus belos lábios", "teus lindos olhos"... Impotente para descrever melhor seus atrativos, ela resume numa exclamação: "Como você é belo, Deus do céu!" ou então: "Você é o homem mais lindo do mundo!". Ou como afirma a célebre máxima de Stendhal, "A beleza é a *promessa* da felicidade", porque a partir daí, de fato, tudo se complica...

Quem gosta de Piaf se perguntará como ela conseguiu superar a morte trágica de Cerdan. E não deixará de pensar o que aconteceria, sem esse drama, com esse novo relacionamento, uma vez que sua biografia mostra que tanto os anteriores como os futuros se caracterizaram por sua qualidade efêmera. Querendo fugir do desgaste no amor, a vida toda menosprezando a saúde e queimando suas forças para nunca envelhecer, Piaf "permaneceria" apenas como artista, com o risco de, no fim, morrer em plena cena, como Molière, o que por pouco não aconteceu. Além disso, quem já leu a correspondência entre Édith e Marcel durante a sua separação, entre maio e junho de 1949, e descobre hoje as cartas que ela enviou a Totó (concentradas em fevereiro de 1952), não deixará de se impressionar com a repetição, a imitação e a reiteração exagerada, amplificada, desmedida, porque no fundo desesperada.

À primeira vista, e de certo modo simplista, Cerdan e Gérardin se assemelham em muitos aspectos. São dois campeões que pertencem ao mesmo ambiente dela (o esporte e a música popular eram os melhores veículos de ascensão social das classes populares da época). Ambos são casados (Marcel com Marinette e Totó com Bichette). Têm uma carreira que, como a de Édith, os obriga a frequentes separações, mas também a uma clandestinidade cada vez mais à mercê das indiscrições do seu meio e da imprensa. Então, como Piaf nunca teve a necessidade de escrever aos seus amantes, invariavelmente endeusados, senão quando estava longe deles, atormentada pela distância, por sua situação conjugal, devastada pela carência, exacerbada pelo afastamento (ao menor atraso dos correios ou de um telefonema) que a precipitava na "depressão", num "imenso abismo" ou simplesmente no "sofrimento", as cartas dirigidas tanto a um quanto ao outro têm um surpreendente quê "familiar". Não só ambos são submetidos a um bombardeio idêntico (uma carta por dia, muitas vezes duas ou três no mesmo dia), como também com a mesma tonalidade de efusão impaciente, atormentada, apaixonada, a mesma abertura ("meu adorado", "meu amor lindo"), frequentemente as mesmas expressões, o mesmo palavreado infantil, a mesma ventriloquia amorosa em que eu-tu se fundem, indiferenciados, as mesmas frases sem vírgulas (Édith as detesta) – "Te amo te amo te amo te amo" – ou seja, a própria essência da repetição que ela se diverte em duplicar na consoante para melhor fazê-la soar e entender ("Eu te ammmmmmmmmmmo!").

Ou então, embora encontremos aqui as eternas questões da unilateralidade epistolar e da ausência de datação em praticamente metade das cartas, alguns pontos fortes se destacam nessa dupla amputada, indicando uma discrepância entre a "oferta" e a "demanda" que se revelará fatal. Inicialmente, enquanto o pugilista, que precisava afastar-se dela por causa das lutas, escrevia todos os dias, com o ciclista a história é muito diferente. "Você nunca me escreve!", queixa-se ela, "nunca fala de você e no entanto essa é a única coisa que me interessa!" Além disso, enquanto Édith e Marcel *também* se interessavam mutuamente por suas carreiras – falavam de suas vidas, do que faziam ou diziam seus amigos, compartilhavam do medo do fracasso, da felicidade do sucesso (em cena e no ringue o combate é o mesmo) e de inúmeros outros detalhes que testemunhavam dia após dia sua maravilhosa cumplicidade de "quase" gêmeos, no mesmo comprimento de onda e num diapasão perfeito –, *a priori* nada disso ocorre com Totó. Contudo, para a cantora, ele encarna totalmente a possibilidade de um novo "grande amor" após a morte de Marcel. Aquele pelo qual, aos trinta e seis anos (ele tem três anos mais que ela), decide arriscar tudo. De fato, já na segunda carta ela escreve ao amante, numa alusão bastante clara, que ele "curou uma ferida muito profunda". E, como ele indubitavelmente se sentia incomodado (aliás, como Cerdan) por sua posição na "lista" e pela reputação dela, Édith afirma: "Acredite, meu querido adorado, se eu te colocasse no mesmo plano dos outros teria trocado a foto de Marcel...?" Por fim, um ponto cego: a paixão física, devoradora, que levou os que os conheceram a afirmar que ela estava ainda mais apaixonada por Gérardin do que por Cerdan. Por outro lado, no amor, Piaf, que sempre confundiu o seu coração com seu instinto sexual, possui a maravilhosa genialidade que toda vez lhe permite fazer tábula rasa e se recriar, como se cada um dos seus amantes fosse ao mesmo tempo o primeiro e o último. De fato, geralmente pudica quando escreve, ela se entrega a Totó com uma impetuosidade inédita. Na primeira separação por causa de uma turnê, ela escreve de Boulogne-sur-Mer: "jamais, homem *algum* me inflamou tanto quanto você, tenho a impressão de fazer amor pela primeira vez". Ainda: "você me fascina como homem nenhum jamais conseguiu...", "antes de te conhecer eu era virgem...". Lembranças eróticas, cenas imaginadas, fantasias: ela conta tudo, ousa tudo, até a apoteose: "iria querer te servir, te mimar, estar aos teus pés e fazer amor até quase morrer, me aniquilar por você, fazer amor melhor ainda, não ter mais nenhum pudor, me entregar completamente ao desejo, não me sentir mais nesta terra, estar esgotada a ponto de não ter mais a força de te dizer 'te amo'. Sim, é isso que eu gostaria de fazer antes de viajar para os Estados Unidos, estar tão esgotada, tão repleta de amor, que não pudesse mais fazer amor durante meses e esperar o maravilhoso regresso para ser novamente tua como uma cadela! [...] para que tuas mãos me acariciem e eu perca toda a minha dignidade [...] toma-me docemente, longamente, ternamente, furiosamente!".

Orgulhoso de seu corpo e de sua notoriedade, exibindo de bom grado o torso nu e sempre bronzeado, Totó não poderia deixar de se sentir lisonjeado. Tanto mais que ela canta em todo lugar a sua felicidade em *C'est d'la faute à tes yeux* [2], mas principalmente em *Plus bleu que tes yeux*[3] ("minha declaração de amor de todas as noites que voa até você"), nos versos tão conhecidos:

Plus bleu que le bleu de tes yeux,
Je ne vois rien de mieux,
Même le bleu des cieux.
Plus blond que tes cheveux dorés
Ne peut s'imaginer,
Même le blond des blés.
Plus pur que ton souffle si doux,
Le vent, même au mois d'août,
Ne peut être plus doux.
Plus fort que mon amour pour toi,
La mer, même en furie,
Ne s'en approche pas...[4]

---

2 A culpa é dos teus olhos. (N.T.)

3 Mais azul que teus olhos. (N.T.)

4 Mais azul que o azul dos olhos teus, / Não há nada melhor, / Nem mesmo o azul dos céus. / Mais louro que teus cabelos dourados / Não se pode imaginar, / Nem mesmo o louro dos trigais. / Mais puro que teu hálito tão suave, / Nem mesmo o vento de agosto / Pode ser mais suave. / Mais forte que meu amor por ti, / Nem o mar em fúria,/ Se aproxima dele... (N.T.)

Mas será que ele ama essa mulher? Ela que o ama "mais que tudo no mundo", "como a imensidão", "como uma louca", "até morrer de amor"; que sabe tão bem variar seus vocativos ("meu belo anjo loiro e azul", "minha boca querida", "meu senhor adorado", "meu amor terno", "meu todo querido que eu adoro", "meu homem querido tão belo", "meu amor azul", "meu homem todo meu", "meu rei" etc.); que o qualifica como o "Homem mais amado desta terra"; que assina imutavelmente "tua pequenina" (e uma vez "a Felicidade em pessoa")? Seguramente, mas como estar à altura dessa loucura bulímica, insaciável, dessa exigência constante de confirmação, que ela confunde com a generosidade ilimitada, a exclusividade, a doação total de si indo até a oblação? Será que Totó teme tanta pressão? Ele a acha *excessiva*? Quando diz que ela "exagera", Édith responde imediatamente: "sei que eu deveria ser razoável, mas quando a gente é razoável no amor é como se a gente o pesasse, o amor não tem limites ou então não é amor!". Desde o início, ela estabelece uma meta impossível de alcançar e se atira com violência, sem amor próprio, sem prudência, premeditação ou comedimento – não seria típico dela. Desde a primeira carta, explode o conteúdo intensamente passional, quase uma imolação, de tudo o que ela escreverá a seguir para ele. Frases vulcânicas que, apesar da evocação de numerosas trapalhadas e confusões da difícil história pessoal de ambos, acentuada pelo casamento de Gérardin, as cartas seguintes duplicarão e amplificarão numa sobrecarga emocional assombrosa, inaudita. Forma e conteúdo, tudo está aí – e essa é a razão pela qual a carta merece ser citada. Principalmente porque começa num tom muito forte:

Ao senhor *Minha Maravilha*
Rua da Felicidade
Amor Eterno
(Paraíso)
15 de novembro de 1951, 23h20

Meu amor tão lindo,
Esta noite quero tagarelar contigo, dizer-te meu querido como sou feliz graças a *você*!
Nunca me senti tão bem, tão próxima da felicidade completa; tudo começa e acaba em você, você! você! você!!!!
Nunca duvide, estarei sempre à altura do nosso amor que será grande como o *amor*!
Amo-te com todas as forças da minha alma, do meu coração e da minha pele; não haverá mais ninguém depois de você, quero que sejas o *único*!
Amanhã vou cantar somente para você, quero existir para você e por você.
Quero que sejas meu senhor e que *nada* seja feito sem o teu consentimento.
Meu amor, vou te fazer feliz, sinto isso, eu sei, tenho certeza.
Confia em mim, e verás que tinhas razão.
Eu te amo meu querido, meu amor, toda a minha vida.
Estou em tuas mãos queridas e nelas quero estar para sempre.
Leva-me para a vida, para o nosso magnífico amor que ninguém poderá destruir, para ti, para a nossa felicidade!
Oh querido querido, como estou feliz por pertencer a você para sempre.

Epítetos primários, uso enfático das maiúsculas e das palavras sublinhadas (no caso, em itálico) ou repetidas várias vezes em seguida, rajadas de pontos de exclamação, festival de pronomes pessoais: Piaf não varia minimamente o arsenal retórico para gritar com amplo reforço de hipérboles seu amor, mesclado à necessidade de confirmação, de esperança e à dependência, à possessividade, à submissão, ao desespero, mas acima de tudo a um desejo imperioso e à fome sexual, que continuamente se quebrarão contra as tergiversações de Totó, apaixonado por ela a ponto de deixar a esposa para se instalar no apartamento da cantora, mas que se recusará, no final, a se divorciar para recomeçar a vida com ela.

Um indício interessante é que, enquanto de 1930 a 1951 sua coleção de prêmios em provas ciclísticas crescia ano a ano com pelo menos um resultado, em 1952 isso não acontece. Ele não correu, não ganhou nada por estar consumido por seu caso com Piaf? Seja como for, parece que, desde cedo, ele começou a criticá-la, a recriminá-la, a queixar-se. Do quê? Da gola presa por um alfinete, do botão que falta na sua saia. De bobagens equivalentes ao "pontinho no nariz" no qual Barthes, em seu *Fragmentos de um discurso amoroso,* percebe a "momentânea produção, no campo amoroso, de uma contraimagem do objeto amado. Por causa de incidentes ínfimos ou de sinais tênues, o sujeito vê a Imagem boa repentinamente se alterar ou desaparecer". É porque Totó é suscetível demais? Exigente demais? Tem vergonha dela? Ela, que o "respeita" e o "admira", consciente de ser negligente e desleixada, descuidada com a própria pessoa e pouco cuidadosa ("me dou conta perfeitamente de tudo o que pode te chocar em mim", escreve), desculpa-se por escrever em feias folhas de caderno, fazendo-lhe observar mais tarde que comprou um papel mais chique, multiplica as promessas de moderação ("nunca mais vou beber"), jura mudar, aprimorar-se, fazer progressos. "Você será o meu pequeno mestre querido que ouvirei cegamente como a um mestre que eu venero", escreve. "Sempre invejei as mulheres organizadas, com uma casa sempre arrumada, mas não sabia como, agora acho que estou compreendendo por onde devo começar, com a tua ajuda vou me tornar rapidamente o que você quer, e não mudarei mais..." Um novo programa que deverá ser cumprido durante a separação dos dois de 1º a 26 de fevereiro, mas evidentemente não é esse o essencial.

Porque o crucial aqui é que o tempo está passando e Édith está com pressa. Basta ler as quatro cartas decisivas de 16 e 17 de fevereiro, nas quais, pela ordem, ela põe o dinheiro sobre a mesa ("será você quem administrará as contas"), imagina de maneira ingênua e tocante a futura casa dos dois ("belos lençóis, belos jogos de mesa; na sapateira vamos pôr uma caixa com todos os apetrechos para limpar os sapatos..."), e exprime "acima de tudo" seu desejo de ter um filho ("preciso absolutamente"), e então faz esta confidência fundamental, mas perigosa: "meu pai era tudo para mim, ele foi minha única família e substituiu da melhor maneira que pôde a mãe que nunca tive [...] se Deus permitir será você quem vai substituir tudo o que perdi ...". Mas, no dia seguinte, "o que é que ela vai fazer ou alegar ainda para que você tenha pena dela, tremo só de pensar, querido, fique firme, hein?".

Quem é "ela"? Bichette, evidentemente, vértice desse banal triângulo adúltero, que contratará um detetive para segui-los, e que aparentemente (grave erro tático) Édith conheceu e frequentou, assim como parece que conheceu os pais e a irmã de Totó (e se afeiçoou a todos eles). A partir dali, a alternância de "lágrimas" e "tormentos", de acessos de mau humor e de palavras maldosas e irrefletidas não acabará com o reavivar da chama de uma paixão que um telefonema, algumas palavras ou novas promessas reacendem por alguns dias, mas Édith é muito lúcida em seu julgamento a respeito dele ("sei desde sempre que um dia nossa história chegará ao fim, que um dia eu partirei para muito longe e não te verei nunca mais!") e sobre si mesma ("cada dia mais me dou conta de que amar as pessoas com toda a alma e abrir a elas o próprio coração é uma total falta de equilíbrio, não se deve fazer isso, eu só poderia me machucar!"). O que não impede que, com sua fé cega, ela ore nas igrejas e acenda uma vela para dar sorte, e multiplique, carta após carta, as promessas de fazê-lo feliz, de tudo aceitar, de comportar-se como ele quiser, esperar por ele o tempo que for necessário, tudo sacrificar a ele porque ela "não liga a mínima para todo o resto". De nada adiantará, mas ela já sabe que se recuperará. "Sempre lutei na minha vida e sempre venci", proclama um dia. "[...] sou mais forte do que você pensa, só que não grito isso aos quatro ventos, os homens que conheci na minha vida atormentada poderão confirmar, muitos deles eram campeões mas sem mim não eram nada!" Pela falta de reciprocidade, de ritmo, por culpa da vida e do descompasso dos desejos de ambos, Totó cede um pouco, muito, mas não recua, e acaba se afastando. "Desiludida", "agoniada", Piaf escreve para ele no dia 18 de junho: "Você sempre fez tudo para me perder, e continua." No dia seguinte, reviravolta total, tudo parece recomeçar e, em seguida, o silêncio, nem uma carta durante todo o verão. No dia 18 de setembro de 1952, ela escreve de Nova York para informá-lo de que se casou com Jacques Pills porque, "de tanto conviver com alguém que é carinhoso, gentil e cheio de atenções, a gente se deixa envolver e devo confessar que amo sinceramente Jacques!". No ano seguinte, o cantor, ex-marido de Lucienne Boyer, comporá para ela *Je t'ai dans la peau*[5], com música de Gilbert Bécaud, que na introdução lembra numerosos trechos dedicados a Totó: "Você, sempre você, nada mais que você, por toda parte você, você você você você..."

Há um adágio que diz que o amor não tem preço, exceto quando acaba numa canção. Ou num leilão. Stendhal estava certo: "O amor é a única paixão que se paga com uma moeda que ela própria fabrica".

Cécile Guilbert[6]

---

5 Eu te tenho em minha pele. (N.T.)

6 Filósofa francesa, autora de ensaios sobre Guy Debord, Laurence Sterne e Andy Warhol e do romance *Le Musée National.* (N.E.).

Nota do Editor

Na transcrição destas cartas inéditas, foram corrigidos os erros de ortografia e acrescentadas algumas palavras que faltavam, assinaladas entre colchetes. Além disso, procurou-se manter o fluxo original de escrita das cartas, a despeito da pontuação e da correção gramatical.

A correspondência está dividida em duas partes: as cartas e telegramas com data (15 de novembro de 1951 – 18 de setembro de 1952) e as cartas e telegramas sem data (numerados de 35 a 57, de acordo com a datação estimada). O texto "Nasci num dia de dezembro..." é um fragmento autobiográfico ditado por Édith Piaf para publicação na imprensa americana.

Cartas e telegramas datados

15 de novembro de 1951-18 de setembro de 1952

Ao senhor Minha Maravilha
Rua da Felicidade
Amor Eterno
(Paraíso)

15 de novembro de 1951, 23h20

Meu amor tão lindo,

Esta noite quero tagarelar contigo, dizer-te meu querido como sou feliz graças a *você*!

Nunca me senti tão bem, tão próxima da felicidade completa; tudo começa e acaba em você, você! você! você!!!!

Nunca duvide, estarei sempre à altura do nosso amor que será grande como o *amor*!

Eu te amo com todas as forças da minha alma, do meu coração e da minha pele; não haverá mais nada depois de você, quero que sejas o *único*!

Amanhã vou cantar somente para você, quero existir para você e por você.

Quero que sejas meu senhor e que *nada* seja feito sem o teu consentimento.

Meu amor, vou te fazer feliz, sinto isso, eu sei, tenho certeza. Confia em mim, e verás que tinhas razão.

Eu te amo meu querido, meu amor, toda a minha vida.

Estou em tuas mãos queridas e nelas quero estar para sempre.

Leva-me para a vida, para o nosso magnífico amor que ninguém poderá destruir, para ti, para a nossa felicidade! Oh querido querido, como estou feliz por te pertencer para sempre.

Senhor Nicolas
5 rue Gambetta
Boulogne s/Seine
Seine

Boulogne s/Mer, 15 de janeiro de 1952

Meu amor azul,

Nossa primeira separação. Não quero que você sinta pena de mim pela solidão e o frio do meu coração, mas eu me pergunto como podia viver sem você antes de te conhecer! Tudo é sinistro: mas, no fundo... será tão sinistro assim? Não, são meus olhos e meu estado de espírito que veem tudo... ! Meu amor... Como você penetrou dentro de mim e como é bom viver por você e para você! Tua pequena boca está perto de mim, parece quase que você vai me tomar nos teus braços ou falar comigo... mas não, ilusão e realidade decepcionantes. Você é realmente feliz? Não se arrepende de nada? Será que eu lhe dei tudo o que você esperava? Não está decepcionado? Meu amor, você me deu tudo, a vontade de viver intensamente, você curou uma ferida muito profunda, tocou no fundo do meu desespero, com toda a delicadeza e me devolveu a confiança em mim mesma! Meu querido, quero dizer também que jamais homem *algum* me inflamou tanto quanto você, tenho a impressão de fazer amor pela primeira vez. Confio em você, eu sei que você é uma pessoa honesta e há tantas coisas lindas no fundo dos teus olhos... que limpidez, Senhor!!! Você precisa dormir, meu doce amor, como vou sentir a falta do teu corpo, das tuas lindas coxas, da suavidade da tua pele, de tuas lindas nádegas queridas... Eh, estou ficando sensual! Está feliz com as pessoas da sua casa? Gostaria de saber que você está feliz, meu anjo lindo que me faz tão feliz. Mais três longos dias! Está comendo bem? Dormindo bem? Está treinando bem? Está feliz? Gostaria que já fosse sábado; acho que vou chegar na noite de sábado para domingo, isto é, às três da manhã; vou me enfiar delicadamente perto de você, sentir o teu corpo quente e suave e minha noite será maravilhosa! Abrace sua mamãezinha e teu papai por mim, gostaria de dizer à sua mãe o quanto eu amo você e quanto a venero por cuidar de você, ela também te admira e eu a amo por isso, acho que poderia falar horas a fio com ela de você e as horas passariam bem depressa, tenho certeza, então dê um abraço bem forte nela por mim e diga-lhe que ela tem em mim uma aliada em tudo o que ela pensa de você! Querido, se você soubesse como eu te admiro, meu amor, você nunca está errado, você pode fazer qualquer coisa; eu sei que você tem sempre razão e que não pensa em fazer nada que seja injusto! Abrace-me bem forte até me sufocar, quero desaparecer embaixo de você, manda, meu amor, seja o mestre em tudo, quero ouvir somente você e crer somente em você! Eu te pertenço completamente, você é a minha vida! Me dá tua boca e os teus olhos que quero me perder neles para sempre! Boa noite, meu Amor azul! Tenho você dentro de mim! Em cima de mim você!

Senhor Nicolas
5 rue Gambetta
Boulogne s/Seine
Seine

25 de janeiro de 1952

Meu amor,

Será que minha carta vai chegar antes de mim? Veremos! Em primeiro lugar, desculpe por escrever nesta folha de caderno, é que não tenho à mão papel de cartas. As ideias se atropelam na minha cabeça, sou um pouco como você, só sei com certeza que eu te amo perdidamente e que nada tem importância além de você, quero melhorar totalmente, quero ser digna de você, é preciso que você me ajude a me transformar, você será o meu professor querido que ouvirei cegamente como um mestre que eu venero. Você verá o que sei fazer; sei fazer milagres, você nem imagina do que sou capaz, Joana d'Arc acreditava que uma simples mulher podia fazer coisas tão grandes, ela por amor à guerra, eu por teu amor, quero estar à altura e desta vez prometo que não vou falhar, e não creio, meu amor, que isso seja passageiro, não, eu quero há muito tempo ser assim, mas não sabia como, sempre invejei as mulheres organizadas com uma casa bem arrumada, mas não tinha jeito, agora acho que estou compreendendo por onde devo começar, com a tua ajuda vou me tornar rapidamente o que você quer, e não mudarei mais, desde que eu, de Môme Piaf[1] me tornei Édith Piaf tenho me esforçado sempre por melhorar e procurar fazer sempre melhor, você fará de mim uma verdadeira mulher em todos os campos e eu vou te agradecer por toda a minha vida, no fundo é isso que sempre me faltou, confia em mim e verá. Para isso é preciso que você me diga tudo, entende, você disse apenas "Com o que prendeu a gola?"... E eu como uma idiota respondi: "Com um alfinete". Você me disse também: "Não tinha um botão nesta saia?". E ingenuamente respondi que não sou uma depravada. Entretanto, essas duas coisas me fizeram compreender muitas outras... um dia também você desenrolou o fio do telefone e não entendi que... Senhor; teus amigos também... eu sei, entendo... Entendo muitas coisas, por isso, se você falar mais um pouco vai ver, quero tomar cuidado para não me tornar necessária, encontrar um meio-termo, em suma, ser equilibrada, eu sou no meu trabalho não há por que não possa ser também na vida! Também meu amor para provar para você que quero estar à altura, você vai viajar conforme o combinado de 1º a 26 de fevereiro e durante este tempo vou organizar tudo (de acordo com você) para estar preparada quando você voltar e possa encontrar uma mulher digna de ti, quem sabe você volta antes? Em todo caso, eu te espero e confio no nosso amor e em você! Quero fazer uma visita à tua mãe e tua irmã e com elas também estarei com você. Obrigada também por

1 Pardalzinho. (N.T.)

me esperar e não viajar antes do dia 1º, é difícil que isso não seja muito estranho para você, deve me perdoar meu amor, te amo tanto. Você precisa me escrever, meu amor, e com tuas cartas terei toda a coragem e provarei a você que quero ser uma verdadeira mulher, eu é que quero tentar te ajudar neste momento difícil e acredite para mim é a melhor prova de amor que posso dar a você! Jamais se esqueça de que eu te amo e que sem você estou perdida! Eu me entrego no pensamento a todos os teus desejos. Eu te amo, meu anjo lindo.

Tua coisinha

Senhor Nicolas
5 rue Gambetta
Boulogne s/Seine
Seine

3 de fevereiro de 1952

Meu amor tão amado,

Acabo de desligar o telefone, meu amor, e quero falar mais com você, quero tanto que você seja feliz, que jamais se arrependa de nada, mas você tem razão, falaremos de tudo isso quando eu voltar e agora tenho a certeza de que encontraremos uma boa solução. Em todo caso, eu estou caminhando para alcançar a minha meta, que é ser como você deseja, quero viver para você, o resto é relativamente indiferente para mim, meu lema é Você em primeiro lugar, o resto depois! Você não pode entender até que ponto eu te amo e o que serei capaz de fazer por você, você fala em exagero, no amor nada é exagerado, o que importa fisicamente, importa também moralmente, eu não vejo nada belo demais para você, você é tão doce, tão gentil e tão sensível, se você soubesse como tua delicadeza me toca, eu me dou perfeitamente conta de tudo o que pode te chocar em mim, evidentemente, não, uma pessoa não pode sarar num dia, no entanto, acho que não vou errar muito agora se você soubesse também quanto sinto a tua falta, quero me estreitar a você, quero teus braços, sentir teu corpo quente, tua pele suave e cheia de amor, pertencer-te a ponto de perder a cabeça como a última vez, querido, tudo excita o meu desejo, ouvir a tua voz quando você faz o amor me dizer "De quê?". Você não sabe até que ponto tua voz mexe fundo em mim quando você fala de amor. Antes de te conhecer eu era virgem, não conhecia o amor, eu achava que conhecia mas não sabia nada, agora quando penso no teu rosto fazendo amor, fecho os olhos para que as pessoas não vejam toda a perturbação que toma conta de mim, é isso que você faz comigo e eu te agradeço por isso, agora eu me sinto mulher e era tudo isto que me faltava. Fecho os olhos de novo para que você me tome totalmente, e me diga "De quê...?". Será possível amar tanto!!!

Tua pequena

Senhor Nicolas
5 rue Gambetta
Boulogne s/Seine

Lyon, 5 de fevereiro de 1952

Meu adorado,

Eu não sei o que você acha. Mas para mim os dias são mortalmente compridos; não digo: só mais cinco dias; não, o que me ocorre é: ainda cinco dias! Você não sabe o quanto tenho vontade de te tocar, te olhar, te ver com os meus olhos sem nada perder de você! Querido: você não deve me deixar jamais; se soubesse o bem que você me faz, tenho quase a impressão de que você tem uma missão para cumprir comigo: você me educa, meu menino, eu só quero melhorar (perto de você), encontrar o equilíbrio, me estabilizar, tentar encontrar o meio-termo certo, se tenho isso na minha profissão por que não teria na minha vida? Tudo isso é uma questão de hábito e de vontade, e vontade eu tenho e vou alcançar a meta que me fixei, e devo isso a você, é por isso que você precisa ficar perto de mim; é claro, no início talvez eu demore um pouco, mas não muito, tenho certeza disso. E depois quero tanto uma vida normal, como isso deve ser agradável; já o pouco que mudou na minha vida me traz uma calma e uma esperança no futuro e eu sei agora que posso te fazer *muito* feliz; deixe que eu tome algumas iniciativas e verá! É uma loucura a transformação que ocorre em mim, sabe? Antes, quando eu sofria um golpe duro, pensava imediatamente em beber e me depreciar, enquanto dessa vez meu sofrimento me traz alguma coisa boa, é necessário para eu compreender, ele me torna de repente mulher, antes dele, não passava de uma garota muito louca, este sofrimento, meu amor eu te agradeço, me aproxima mais de você, ele consolida todo o amor que tenho por você, eu te amo tão profundamente, estou louca por você, não penso senão em você e meu objetivo na vida é *você*! Estou feliz também por te pertencer realmente, você faz amor comigo como homem nenhum fez antes, e eu te dou o que jamais tinha dado ainda, eu *Me* dou! Mas sei que isto não acabou, que você me fará melhor ainda porque eu darei mais ... E mais e mais até eu não ser absolutamente mais nada! Tua pequena.

Senhor Nicolas
5 rue Gambetta
Boulogne s/Seine
Seine

6 de fevereiro de 1952

Você meu amor,
Por que você parece um anjo?
Por que despertou a minha carne?
Por que eu te amo tanto? O que foi que você me fez?
Por que agora minhas mãos procuram o teu corpo?
Por que eu sempre quero estar embaixo de você em cima de você para você?
Por que à noite tenho vontade de gritar de tanto que a minha pele precisa da tua?
Por que não posso mais dormir?
Por que você me fez conhecer o amor?
Por que você me domina tão completamente?
Por que não posso mais viver sem você?
Por que preciso do teu odor; de tua voz cheia de amor?
Por que tenho vontade de me atirar nua sobre o teu corpo nu?
Por que quero sofrer por você?
Por que as angústias e as alegrias do meu coração?

Por que você é o meu mestre?
Por que só posso ser feliz por causa de você?
Por que este abismo diante de mim quando você não está?
Por que você se faz amar tanto?
Por quê? ... Por quê? ... Por quê? ...
Por que você existe e sem você eu estaria morta sem conhecer o amor?
E depois também por que você é maravilhoso?
Sim mas... por que você me ama?

Tua pequena

Ao meu adorado

Quinta-feira, 6 de fevereiro de 1952

Meu adorado,

Que dia maravilhoso foi hoje, Pélissette me reconfortou e teu telefonema de hoje à noite me transportou para o céu, e depois eu assinei a venda da casa, muito feliz porque com ela eu fecho essa cortina sobre o passado e começa uma nova vida. Dédé me falou uma palavrinha que encerrou este dia de maneira maravilhosa e acho que vou passar uma noite serena e cheia de lindos sonhos. Meu amor, meu amor, quando penso que posso esperar de novo a felicidade com você, você não imagina como o meu coração está aos pulos no meu peito, é realmente a sensação de que as portas do céu se abrem diante de nós, é simples, estou em êxtase, oh, querido adorado, você vai ver como vou ser dócil, serei realmente tua mulher e você terá *todos* os direitos sobre mim. Quando penso nisso tenho a sensação de sentir tuas duas mãos sobre meus ombros e toda a tua força impregnada em mim, eu sinto que estou desaparecendo docemente e se não houvesse teus braços para me agarrar eu me pergunto aonde iria eu? Meu menino grande querido, como eu te amo e como vou te amar, sabe, meu amor, não acho que um dia você irá se arrepender do que está fazendo neste momento, eu vou me consagrar tanto a você, a te fazer feliz, tenho a impressão de que vou adivinhar tudo o que você quer. Sim, confia em mim mais uma vez e você verá, meu menino. Eu te devo muito meu amor, graças a você meu futuro é azul, o que seria de mim sem você, eu não acho que esta seja a felicidade, aliás, que desequilíbrio, quanto mais eu ia mais corria para a catástrofe, você me resgatou em tempo, você vai ver meu querido vou ser quase a melhor no que fizer, prometi na igreja que se você viesse eu nunca mais tocaria num copo de álcool na minha vida, que te ouviria cegamente e que diante de Deus eu te pertenceria, você irá embora, eu nunca e nunca te enganarei nem moral nem fisicamente. Você é minha obsessão, é tua voz, são tuas mãos, teus olhos, teu corpo, tua pele, tua maneira de falar, de rir, teu cheiro, teus gestos, tuas reações, tua maneira de viver, de pensar, de dirigir, acho tudo o que você faz maravilhoso e muito mais...!...

Mais 3 dias e você verá. Deus, como eu te amo meu amor.

Tua pequenina

Senhor Nicolas
5 rue Gambetta
Boulogne s/Seine
(Seine)

Lyon, 7 de fevereiro de 1952

Meu muito querido que adoro,

Três dias ainda e vou poder te tocar e te ouvir falar. Às vezes as coisas são tão maravilhosas que me custa acreditar; meu muito querido, se você soubesse como eu te amo. Não vejo a hora de estar perto de você para te olhar, encher bem meus olhos e meu coração de você que eu amo. Meu bem, quando penso que um dia estaremos juntos de verdade, que viverei só para você, que poderei segurar no teu braço, te tocar e me dizer: eu pertenço a ele: que grande felicidade meu Deus, mas se você me decepcionar, realmente não sei mais o que será de mim, eu me pergunto se ainda teria a coragem de cantar; você faz parte da minha vida de tal maneira que tenho realmente a impressão de que sempre te conheci, que faço parte de você, querido, você é *tudo* para mim! E depois eu tenho muitos sonhos, eu nos vejo numa casa que será feita de acordo com o que você imagina, e que vou amar, eu sinto que vou amar tudo o que você ama e todos os que você ama, eu tenho tesouros de amor e de ternura e você verá que eu saberei me fazer amar por todos aqueles que você ama, sinto também que com sua irmã será magnífico, quanto à sua mãe vou amá-la tanto que ela acabará por retribuir esse amor, aliás, como poderia deixar de amar todos os que você ama e que te amam? Eu me sinto uma tola escrevendo tudo isto, mas é que penso essas coisas, a gente não escreve sempre as coisas como as sente, é sempre mais bonito do que isso mas é porque é bonito que é impossível de escrever, só tem valor pela sinceridade! Oh, querido, querido, como eu te amo! Acho que pode fazer comigo o que quiser, eu vou te amar sempre. Você entrou tão profundamente em mim que nada poderá te fazer sair. Quando penso na volta, me sinto gelar em toda parte e queimar no coração, você me enfeitiçou e é tão bom, quero que você me enfeitice por muito tempo até eu morrer por isso! Nesta noite vou dormir e ter sonhos azuis. Sabe, no pensamento eu te faço cada coisa, não sou nada tímida, e então você não tem o que falar (nos meus pensamentos é claro) *m'amour*, eu só vivo na alegria do regresso, canto por você, respiro por você, tudo me leva a você e é isso que me faz viver! Nunca me deixe, dê-me só um pouquinho de você se não pode fazer diferente, mas me dê sempre um pouco de você para eu continuar a viver! Esmaga-me contra o teu corpo! Eu te amo, meu menino.

Tua pequena

Senhor Nicolas
5 rue Gambetta
Boulogne s/Seine
(Seine)

Lyon, 8 de fevereiro de 1952

Meu menino querido,

Antes de ir cantar nesse hospital, quero tagarelar mais um pouco contigo! Esta carta é a última antes de eu voltar, mais dois dias e finalmente verei você, há realmente grandes momentos importantes na vida e eu te peço que acredite que a próxima segunda-feira será muito importante para mim, meu Deus do céu, quando vou ouvir os teus passos, querido, e você vai abrir a porta e eu vou te ver, bom... Na realidade, nem sei o que farei, tenho em mente algumas ideias mas como realizá-las numa hora dessas, no fim vou deixar a iniciativa a você, você fará o que achar melhor! Mas sabe, os dias e as noites sem você são horrivelmente compridos. Mas de noite você está tão presente que não consigo dormir, é ao mesmo tempo maravilhoso e atroz, meu doce querido como te amo, nada me produz um efeito tão impressionante como a tua voz, ela me transpassa, penetra em mim e realmente é uma sensação tão forte que tenho vontade de gritar, meu amor querido, que poder maravilhoso você tem sobre mim! E pensar que vou ter só quatro dias para aproveitar de você, mas acredite, vou aproveitar e muito, meus olhos meu coração vão me abastecer de você! O dia está cinzento, é a cor da minha alma quando você não está, desde que comecei a te amar é uma loucura como amo o sol. Está vendo, no fundo você me fez descobrir tantas coisas e isso é lindo. A casa que vamos ter será muito bonita, eu sinto isso, tenho certeza, será azul como o nosso amor! Sabe, não imagina como é bom pensar que eu sou completamente dominada por você, é uma sensação maravilhosa, saber que não poderia fazer nada sem você, que será a tua vontade que dominará, é realmente uma felicidade extraordinária! Meu querido, te deixo para ir cantar mas você está tão forte dentro de mim que as pessoas vão acabar percebendo que não sou eu que está diante delas, mas Você!

Mal posso esperar a segunda-feira para me atirar nos teus belos braços, beijar tuas belas mãos e teus olhos maravilhosos, para ouvir teu coração amado bater tão ternamente e poder finalmente te amar como quero! Tua coisinha que te pertence e só é feliz por causa de você, meu homem, eu!

Senhor Nicolas
5 rue Gambetta
Boulogne s/Seine
Seine

Marselha, 15 de fevereiro de 1952
Às onze horas

Meu adorado,

Estou de novo separada de você, sei que doze dias não são muito tempo; sei que eu deveria ser mais razoável, mas quando a gente é razoável no amor é como se a gente o pesasse, o amor não tem limites ou então não é amor! O que me tortura é pensar que você possa crer por um momento que estou aborrecida com a tua partida, por acaso fui à televisão? Procurei aparecer com você? Acaso me gabei dessa história? Sempre levei a pior ao contá-la e depois eu nunca disse que previa a sua volta, ao contrário, sempre concluo afirmando que não acredito mais, ainda hoje de manhã se você ouvisse quando contei a Tony o desenrolar desta triste aventura poderia constatar que não só não fico me valorizando como me desfavoreço. Quando você me disse para falar às pessoas que esta história só diz respeito a nós dois e que depois veremos, você percebeu que evitei te responder, e em todo caso muito menos agora; é uma coisa boba mas isso me faz muito mal, e se um dia você encontrar com o casal Raquet pergunte a eles como eu contei a nossa história; contrariada, não triste, por me encontrar diante daqueles a quem falei da minha felicidade, mais uma vez, se você acha que estará mais feliz com sua mulher do que comigo, fique com ela, e eu farei exatamente o que você quiser! Ontem você foi duro, nunca te vi assim comigo, você falou palavras duras porque deixei um pouco de pó sobre a sua gravata, tive de fazer um esforço para que você não visse o meu sofrimento, você disse palavras quase maldosas, por quê? Há um provérbio que diz: "A maneira de dar vale mais do que o que a gente dá". Sinto que você está zangado comigo porque está decidido a fazer alguma coisa de definitivo. Mas mais uma vez você está livre para fazer o que quiser! Sei que te amo desesperadamente e, sobretudo, sem raciocinar muito mas com todas as forças de que meu coração é capaz! Talvez você me telefone daqui a pouco, talvez seja uma bobagem mas eu só sei viver à espera dos teus telefonemas, eu te amo tanto meu menino, e cada vez mais, mais te conheço e mais te admiro e te respeito e é verdade tudo o que eu te escrevo, e desta vez não tenho nenhuma necessidade de lisonjas inúteis, você é tão magnífico que tudo o que eu poderia te escrever ainda ficará aquém da verdade! Meu menino toda a minha vida te pertence, eu só fico feliz quando te vejo, você é toda a minha razão de viver e é verdade quando falo que se você quiser eu deixarei o meu trabalho para me consagrar inteiramente a você, se você quiser podemos partir por um ano para juntar a maior quantidade possível de dinheiro e na volta poderemos montar um negócio que nos permita ser felizes e viver bem, eu ficarei tão feliz de tudo sacrificar por você meu lindo anjo adorado, de dedicar-me unicamente a você, gostaria de te adorar de joelhos tão grande é a minha admiração meu amor e você verá que eu serei uma mulher como você deseja. Ontem você me disse: "Você não vai mandar". Ah, meu muito querido... eu mandar! Ah, Deus do céu, basta que você olhe para mim para que eu seja a mais feliz ou a mais infeliz, um olhar seu e você me faria desaparecer da terra, tremo a cada minuto que alguma coisa não esteja indo bem, não, ontem simplesmente eu me senti dilacerada por te deixar, mas só você é o *senhor* e eu fico maravilhosamente feliz por isso! Talvez eu seja louca mas é por você, você é a minha doce loucura! Meu menino, eu te amo tanto tanto tanto que *nada* pode destruir o meu amor, tudo o que me vem de você é bom até as lágrimas! Não se zangue comigo pelas minhas fraquezas e não posso dizer-te senão uma coisa: Perdoa-me por te amar tanto!

Tua coisinha

Senhor Nicolas Cherry
5 rue Gambetta
Boulogne s/Seine
Seine

Meia-noite e meia
Um dia se passou

Meu menino todo meu,

Sim, um dia mortal, um dia a menos para viver sem você, um dia de tristeza para esquecer! Em primeiro lugar, deixe eu esclarecer algumas coisas... será que te aborrece muito quando eu escrevo em folhas de caderno? Se sim, vou escrever em folhas de carta mas é tão gostoso escrever em folhas de caderno, tenho a impressão de que fica mais limpo, enfim, você escolherá! Esta noite cantei "Plus bleu que tes yeux", teu hino. Parecia que eu te via diante de mim, era uma impressão tão forte que estava quase convencida de que estendendo a mão podia te tocar, vou sempre cantar essa canção, será o momento em que deixarei completamente o meu público para sermos inteiramente nós dois, enquanto a cantava esta noite eu te via quando você a cantava na sala, eu te via também quando você a registrou no gravador, eu ouvia perfeitamente tua risada que amo tanto e via toda a doçura dos teus olhos tão maravilhosos! Cantei também "C'est d'la faute à tes yeux". Fiz quase um repertório para o meu amor! Por instantes, quando eu me dou conta de que um dia estaremos juntos, eu cairei de joelhos tanto meu coração bate forte pela minha felicidade, é tão maravilhoso para mim meu anjo, ah sim eu te farei feliz meu menino, como vou amar esta casa sem recordações que nascerá para nós do teu pensamento; como vou gostar dela, e como saberei aprender a ser como você quer que eu seja, acho que você não terá muito que me recriminar. Você falava o outro dia do amor e da ternura, você não acha que uma ternura que nasce de um grande amor é mais bonita do que uma ternura que nasce do hábito? Amor e ternura são duas coisas maravilhosas, eu sei porque eu te amo de duas maneiras, tenho um amor tão grande por você e ao mesmo tempo uma doce ternura, já disse e escrevi para você, você é meu amante que adoro mas também meu menino; você é o meu senhor mas eu sinto também que posso te dar um pouco de proteção, tenho certeza de que tudo sempre irá bem para você quando eu estiver perto de você, em suma eu te amo de todas as maneiras. Eu te amo quando estamos deitados e você põe sua cabeça querida sobre o meu ombro isto me dá uma sensação incrível, eu não me mexeria por nada desse mundo. Tudo é maravilhoso com você, o menor gesto que você faz, você faz melhor que os outros. Meu menino como eu te adoro, se você soubesse como gosto de tudo em você, sempre procuro uma nota discordante mas ainda não encontrei, você é um anjo, um belo anjo loiro de olhos azuis. Esta noite olhava muitos homens que estavam no meu camarim e imaginei que você estava lá, você me parecia grande como uma montanha, e você os dominava todos, para mim, não acredito que um homem possa te igualar, eu te acho tão grande meu menino querido!

Todas as noites sonho com você, você não me deixa um instante sequer, e, você sabe, é bom te amar tanto. Agora, meu amor azul, vou te deixar nesta carta mas vou te levar no meu coração, meus olhos, minha alma, meu corpo para adormecer com você, com tua foto ao meu lado e uma mão sobre ela para eu ter a impressão de que estou te tocando.

Tua coisinha
Toda tua!

Se você pudesse me escrever, gostaria muito, mas se isso te aborrece, não escreva!

Eu te amo, meu adorado.

Ginette te manda um beijo, quanto a mim melhor não falar... Eu...

Senhor Nicolas
5 rue Gambetta
Boulogne s/Seine
Seine

Marselha, 16 de fevereiro de 1952
Mais um dia mortal

Meu mestre adorado,

Um dia vou ter de tratar da questão do dinheiro, porque infelizmente ele existe, não só existe como é necessário, e depois porque é preciso discutir a questão da casa e do terreno, prefiro que você cuide de tudo isto desde o começo; assim que eu tiver posto em ordem as minhas contas as enviarei para você ou nós dois as veremos na volta de Marselha, em todo caso a situação é clara e bastante favorável, portanto, tome nota das informações e das possibilidades de pagamento com o arquiteto e do tipo de terreno! Além disso, tem a questão do financiamento da casa, enfim vê você todas as informações para a gente saber o que pode fazer! A propósito vou te mandar hoje mesmo todas as contas, para que esperar se estão prontas, assim você já terá uma ideia de como se organizar para os pagamentos! Agora fique certo de que quanto às loucuras do tipo Henri ou alguma outra, não precisa ter medo. Se tiver de fazer algum gasto, serei obrigada a falar com você porque será você que administrará as contas, entende, antes eu não tinha ninguém com quem contar e como não tinha senso de medida no que diz respeito ao dinheiro é evidente que mal acostumada como sou pelos meus contratos não tinha muito bem noção das coisas! Enxergo o futuro com clareza, estou certa de que tudo correrá bem! Diga a Dédé para telefonar ao banco para que você venha comigo na minha volta e pegue a autorização para o cofre! Vou ficar tão feliz que você tome completamente pé da minha vida, me sinto tão definitivamente tua! Hoje, passaria o dia escrevendo para você, é muito gostoso! Como fico feliz com a ideia de estar totalmente em tuas lindas mãos, é realmente uma sorte maravilhosa, só de pensar nisso estremeço toda. Estou feliz com esta carta porque acho que no fundo você está esperando por ela! Dê-me sua linda boca meu amor, ponha suas belas mãos sobre minha nuca e sobre a minha garganta, deixe-me olhar nos teus lindos olhos e ouça-me dizer que te amo e você sentirá todo o meu amor.

Tua coisinha

Vejamos em primeiro lugar as dívidas

Impostos	4 400 000
Casaco de vison	1 000 000
Restam da Heine	427 000
Chalom	245 000

É preciso acrescentar ainda
1 – os custos correntes, manutenção da casa. No final do mês, os salários dos músicos, do pessoal que chegam a quinhentos mil francos por mês
Mais os imprevistos!

Ganhos prováveis

Restam no banco	1 800 000
Marselha de 15 a 25 de fevereiro	1 500 000
3 semanas Drap d'or de 28 de fevereiro a 19 de março; ganho certo!	1 900 000
2 espetáculos de gala, ganho	360 000
TOTAL	5 560 000

Mais
Filme em março, abril 2 700 000
Venda casa 11 000 000

Restam ainda os ganhos imprevistos como espetáculos de gala, rádios, discos etc.

Pelo filme, só vou receber três milhões agora e os quatro milhões que restam depois do lançamento do filme, ou seja, por volta de outubro, novembro, seria muito demorado falar dos detalhes aqui, explicarei tudo a você a viva voz.

Combinamos com Loulou que durante "Le drap d'or" e o filme faríamos dois espetáculos de gala por semana, o que daria por volta de quinze espetáculos, ou seja, dois milhões e setecentos mil francos a mais.

Quanto aos impostos, acho que Loulou vai conseguir um acordo para pagar quinhentos mil francos por mês, o que dá cerca de dez meses para liquidar tudo. Meu casaco de vison vai ser pago em cinco prestações, isto é, duzentos mil francos por mês.

Essa é apenas uma ideia do conjunto mas vou explicar muito mais claramente as coisas para que não tenha o perigo de perder alguma coisa!

Na minha volta vou te mostrar que se tivermos a coragem de ir embora por um ano voltaremos com cerca de quarenta a cinquenta milhões de *ganhos líquidos*! Não seria nada mal para garantir nossa velhice, para montar um bom negócio.

A questão monetária futura não se prenuncia tão mal, o que você pensa? O resto, acho que será ainda mais fácil porque nós nos amamos.

Espero que tudo o que te escrevi seja bastante claro para fazer planos sobre como você vai querer dirigir as coisas!

Senhor Nicolas Cherry
5 rue Gambetta
Boulogne s/Seine
Seine

Marselha, 16 de fevereiro de 1952

Meu amor meu amor!

Acabo de desligar o telefone, e já me dou plenamente conta de tudo o que você acaba de me dizer, ah meu querido, obrigada pela felicidade maravilhosa que você me oferece, não posso acreditar no que vejo nem no que ouço, meu anjo meu pequeno anjo amado, como poderia te dar conforto moral? Tenho esse meu amor tão grande por você e a promessa de uma felicidade eterna porque será construída com bases sólidas. A ideia de que na próxima semana você estará talvez com sua mãezinha me enche de alegria, meu menino, tenho a certeza de que você jamais lamentará seu gesto atual, vou te amar tanto, fazer tanto para que você seja feliz! Ontem, antes de dormir, pensei no futuro contigo e você não sabe o que eu via, todos os pequenos detalhes da nossa vida íntima, acho que compreendi e compreendi bem, será tudo novo e feito por *nós dois*, mas *principalmente por você meu menino*! Ontem eu dizia a mim mesma: teremos belos lençóis, belos jogos de mesa;

na sapateira vamos pôr uma caixa com todos os apetrechos para limpar os sapatos (você vai rir, mas estes pensamentos me enchem de alegria), teremos uma pequena farmácia, em suma não vou te descrever tudo o que imaginei, mas acho que está certo, você vai ter os seus armários também; com tuas capas, o negocinho para colocar tuas coisas à noite (eu também quero um), os porta-casacos inclinados (enfim, eu sei o que quero dizer), bom, você verá e quando receber os teus amigos você vai ficar muito orgulhoso de mim, te garanto! Agora, eu não te falei do modo como vou te amar, mas confie em mim, tenho a certeza de que vou fazer tudo direito, se você sabe como cuidar de uma casa eu sei como amar, principalmente porque com você é mais fácil! Eu te amo amor amado e estou feliz por tanto tanto te amar!

Tua coisinha toda tua!

Senhor Nicolas
5 rue Gambetta
Boulogne s/Seine
Seine

Domingo, Marselha, 17 de fevereiro de 1952

Você!

Acabo de desligar o telefone e mais uma vez percebo que ainda não disse tudo o que eu queria te dizer; antes de falar com você, há pouco, fiz muitos projetos mas quando ouço tua voz, querido, não sai mais nada e eu me torno de uma banalidade desconcertante. Você me intimida, meu garotinho, e eu me sinto como uma menina que esqueceu a lição; felizmente, tenho as cartas, isto me ajuda um pouco, não exatamente como eu gostaria, mas mesmo assim é melhor, é tão lindo o que queria te dizer, mas quando releio as minhas cartas fico decepcionada com o resultado, é tão mais bonito o que eu penso! Querido, há uma coisa que desejo acima de tudo; é ter um filho teu, preciso absolutamente, aliás tenho um compromisso com Laennec a esse respeito na minha volta de Marselha; quero absolutamente um pequeno ser que consolidará ainda mais o nosso amor e será o objetivo de nós dois, aliás estou convencida de que posso ainda ter um filho porque já tive um, é uma questão de cuidados; depois disso nunca me ocupei disso seriamente mas agora vou fazer isso; será tão maravilhoso; e além disso, acho que isso te agradará também; que lindo papai você vai ser! Sabe, é bom te escrever, porque não me sinto bem senão com você e quando escrevo tenho um pouco a impressão de estar com você! Meu amor, quando penso que talvez quarta ou quinta-feira você vai estar como eu espero; quase como um jovem; meu amor, estou tão feliz por te conhecer; por te amar com tanta força: penso também que logo você poderá me levar para a casa dos teus pais, que passaremos alguns dias como o primeiro do ano; que você pegará o seu acordeom e tocará, com teus belos olhos um pouco no vazio (sim; teus belos olhos no vazio quando você toca; provavelmente para procurar as notas), o que não te fica mal porque é bonito em você e eu poderia dizer a mim mesma olhando para você (ele é meu e eu sou dele).

Tua coisinha que te ama tanto
eu

Senhor Nicolas
5 rue Gambetta
Boulogne-Billancourt
Seine

Marselha, domingo, 17 de fevereiro de 1952
à uma e quinze
Ainda oito dias

Meu adorado,

Como são longos os dias sem você meu amor, são realmente intermináveis, o que é que você tem para eu ficar obcecada a esse ponto, você é lindo, sem dúvida, você é gentil, você é inteligente, você é espiritual, você ri bonito, você tem olhos maravilhosos, você tem você tem... tudo para se fazer amar, você é a mesma coisa que um anjo! Sabe, acho que sempre vou ter de cantar "Plus bleau que tes yeux" porque desde a primeira noite as pessoas gritam bravo, acho que sentem todo o amor que eu ponho nela, é realmente bom cantar essa canção, é minha declaração de amor de todas as noites que voa até você. Aconteceu uma coisa estranha com Lulu, Jacqueline, Ginette e eu, mas eu vou te contar a viva voz, porque não sei se vou saber escrever a respeito! Hoje, fiquei muito emocionada porque reencontrei a minha única amiga de infância que eu tinha quando criança, fazia vinte e dois anos que não a via, tinha muito medo de me decepcionar mas a encontrei quase igual, ela mal conseguia falar comigo de tão emocionada. Ela guardou todas as cartas que escrevi para ela e minhas fotos, e amanhã vai me trazer tudo, sei que vou ficar muito abalada porque nessas fotos vai estar o meu paizinho e, não sei se falei dele para você, meu pai era tudo para mim, ele foi minha única família e substituiu da melhor maneira que pôde a mãe que nunca tive, então, você vê, todo esse passado que vai estar de novo na minha frente me faz sentir um aperto no coração. A gente percebe que os anos passam e que as pessoas que amamos desaparecem e esta noite eu me sinto tão emocionada, mas felizmente você está ao meu lado e se Deus permitir será você quem vai substituir tudo o que perdi e é com *você* que quero terminar a minha vida, no calor dos teus braços, eu te amo tanto meu menino, tanto e tão profundamente! Hoje de manhã, na missa rezei muito por nós dois, disse a Deus: "Meu Deus, dai-me esse homem, fazei com que um dia ele seja meu marido diante de vós e diante dos homens e que terminemos juntos os nossos dias", eu sei e tenho a certeza de que te amarei por toda a vida e te escutarei cegamente. E depois acendi uma vela por você para Santa Teresinha, uma por tua mãezinha uma por teu pai, uma por tua irmã e uma por nós, você não imagina com que felicidade interior rezei hoje de manhã! Sabe meu menino, teu amor me faz crescer, eu só penso em me tornar sempre melhor e digna de você!

Tua coisinha que te pertence

eu

Senhor Nicolas
5 rue Gambetta
Boulogne-Billancourt
Seine

Marselha, segunda-feira, 18 de fevereiro de 1952

Bom dia meu adorado,

Falei com você ao telefone, como você pode ser gentil quando quer e como eu estou feliz por causa de você, você é tudo na minha vida, meu menino, eu te amo, quero que meu destino esteja inteiramente em tuas pequenas mãos que eu adoro. Não quero fazer nada sem você, ah como eu te amo! Mais sete dias e então mergulharei nos teus lindos olhos azuis, te tocarei, te verei rir, em suma, mais sete dias para recomeçar a viver! Passamos os nossos dias deitados, e isso me faz muito bem, volto a dormir mais ou menos bem depois que chego a Marselha, também me sinto melhor e acho até que engordo um pouco, ah, é claro não é tanto assim, só um pouquinho! E você, meu menino? Deve estar morto! Que vida hein? Enfim, logo tudo vai acabar e você poderá respirar livremente, como vou te amar, meu homem querido, vou ser uma pérola para você, não vai acreditar. Você vai ver que o amor faz milagres! A pessoa que me perguntou de Lyon é a zeladora dos Célestin, ela me adora e só reza para que eu seja feliz contigo, é da Córsega, a irmã dela está doente eu fui cantar no seu hospital durante minha estada em Lyon e por isso... Não a veremos mais, enfim parece complicado mas está muito claro, então essa zeladora só confia em mim, ela disse que vai rezar uma noite inteira para que o que pedi se realize, o mais comovente é que ela vai fazer seguramente isso mesmo, ótimo, de manhã no telefone ela me perguntou se o que eu queria já se realizou, eu respondi que não, então ela disse "não vai demorar"! É uma felicidade tão grande que nem posso acreditar, você se dá conta? Ter você para mim, não, é maravilhoso demais! Em todo caso há uma coisa de que tenho certeza é que vou te amar sempre, vou te fazer feliz e *jamais* te deixarei! Meu menino, vou te escrever de noite antes de dormir, acho que aliás só vou dormir até as três! Até mais meu adorado! Tua coisinha toda tua. Eu

Se você achar alguém mais feliz do que eu...
Me apresente!
Eu te amo

Senhor Nicolas
5 rue Gambetta
Boulogne-Billancourt
Seine

Segunda-feira, 18 de fevereiro de 1952
Meia-noite e vinte
Ainda sete dias

Meu anjo azul e loiro,

Claro que os dias passam mas demoram horrivelmente, você me faz muita falta meu adorado, tenho só cinco minutos por dia para falar com quem é tudo para mim; enfim, me apego à esperança, digo para mim mesma que logo mais terei você para mim; desde que tudo corra bem, o que é que ela vai fazer ou alegar ainda para que você tenha pena dela, tremo só de pensar, querido, fique firme, hein? Seja forte por nós, diga que a tua coisinha só tem a você e que ela se sente perdida sem você! Minha amiga de infância veio me visitar hoje de manhã com as fotos [de] quando eu era menina e do meu paizinho também, queria que você estivesse perto de mim também assim poderia chorar em teus braços apertando você, mas é muito duro ver as pessoas que amamos e que morreram para sempre; vou parar de falar disso porque me deixa triste demais! Meu menino, cada dia que passa me aproxima um pouco mais de você, sinto um futuro agradável e doce ao teu lado, você vai ver meu amor como a nossa vida será bonita, está tudo bem meu querido e tudo vai ficar ainda melhor. Porque ainda somos jovens, ainda temos muitos belos anos pela frente, apenas o suficiente, ou melhor, o tempo exato para nos comportarmos um pouco como doidos e também o tempo para preparar nossa velhice bem confortável com lindas lembranças ternas e amorosas para lembrar um ao outro; nosso amor será tão forte depois de atravessar toda esta tormenta. Meu doce querido, você não imagina como é bom dizer a mim mesma "É o último, depois dele não haverá *ninguém*, ele é o meu dono por toda a minha vida", que felicidade interior sinto quando digo isto a mim mesma! Acho que temos tudo para ser felizes; e se você for obrigado a viver sozinho, se quiser, para te ajudar moralmente, viverei sozinha também, aliás, isso não vai ser tão desagradável; por você *m'amour*, posso viver em um porão, farei tudo que for possível no mundo para merecer o teu amor, me ponha à prova e verá! Repito mais uma vez, meu amor, você pode fazer *o que quiser* comigo, aceito tudo com alegria, mas não me deixe, aconteça o que acontecer continue sendo meu amigo, seria um golpe muito grande não te ver mais! Eu te amo meu menino querido, você não imagina até que ponto preciso de você para viver. Dá-me a tua boca linda meu adorado, aperta-me forte contra o teu peito e me diga com tua voz cheia de amor "De quê". Tua coisinha te deseja terrivelmente!

Édith Piaf (à esquerda) e Marcel Cerdan em 1948.

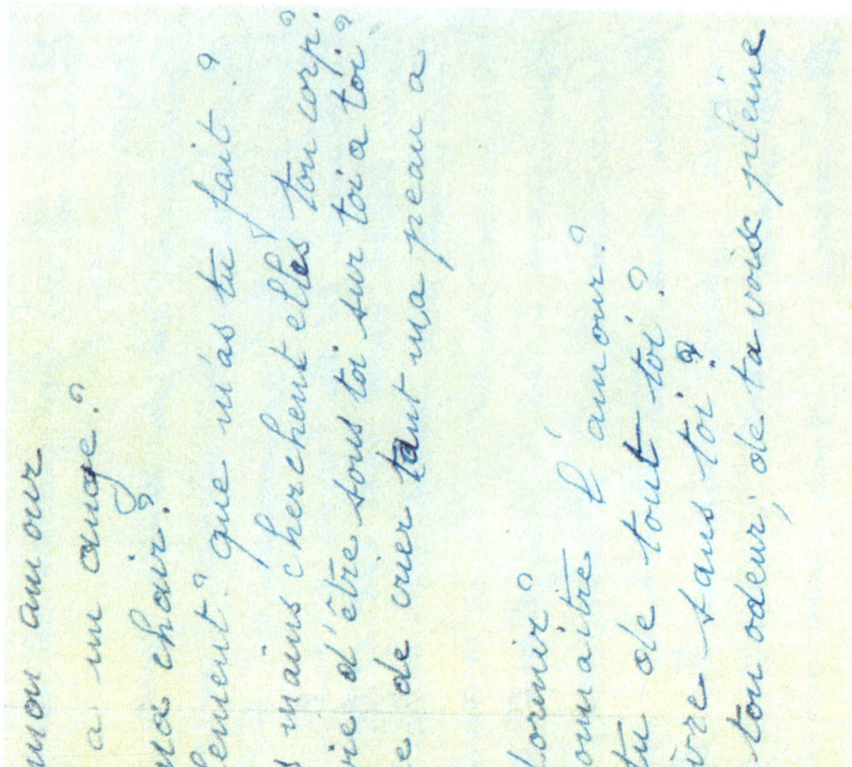

Toi mon amour

Pourquoi ressembles tu à un ange?
Pourquoi as tu réveillé ma chair?
Pourquoi je t'aime tellement? que m'as tu fait?
Pourquoi maintenant mes mains cherchent elles ton corps?
Pourquoi ai je toujours envie d'être sous toi sur toi à toi?
Pourquoi la nuit ai je envie de crier tant ma peau a besoin de la tienne?

Pourquoi ne puis je plus dormir?
Pourquoi m'as tu fait connaître l'amour?
Pourquoi me domines tu de tout toi?
Pourquoi ne puis je vivre sans toi?
Pourquoi ai je besoin de ton odeur, de ta voix pleine d'amour?

Carta da página 36.

Louis Gérardin.

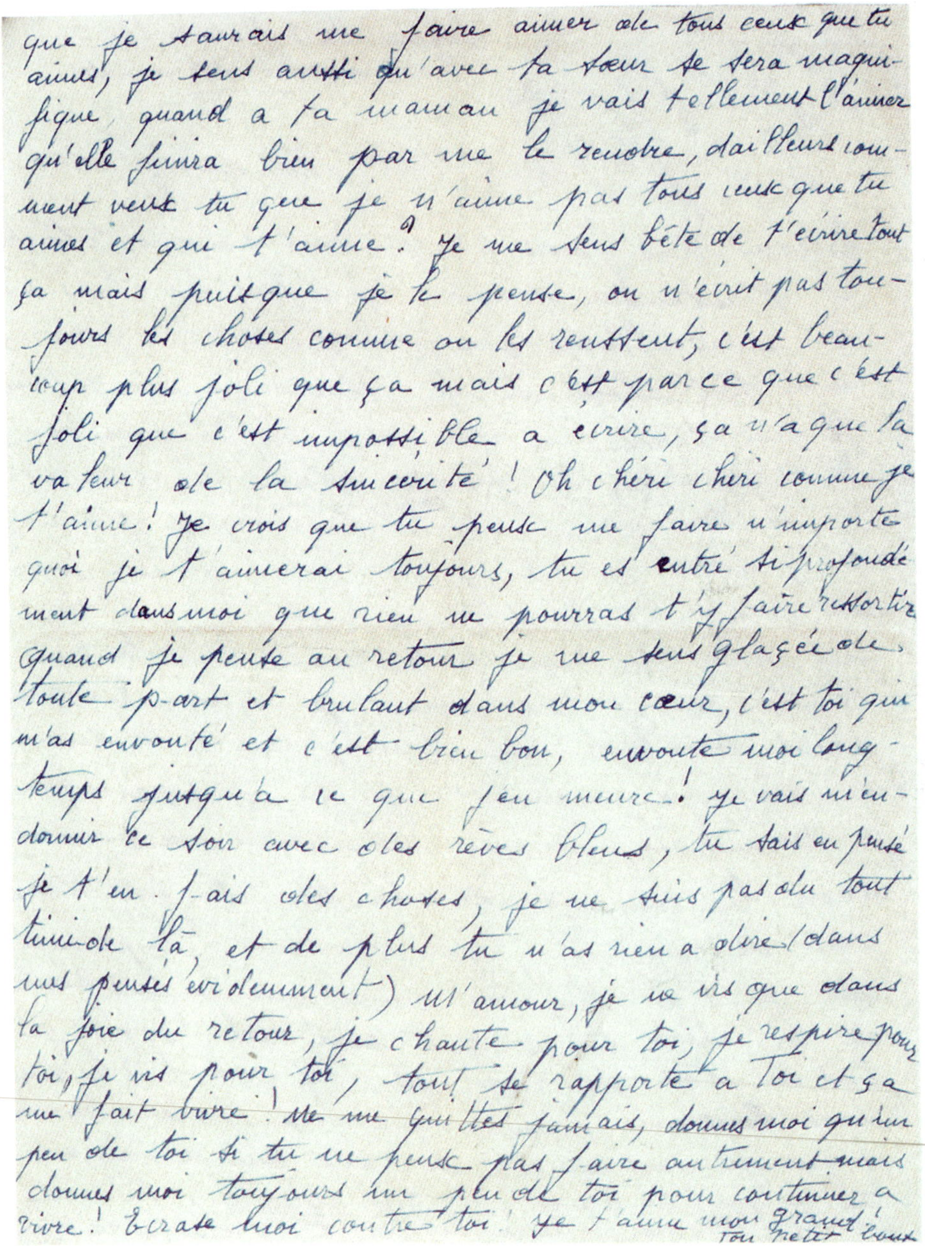
que je saurais me faire aimer de tous ceux que tu aimes, je sens aussi qu'avec ta soeur se sera magnifique, quand a ta maman je vais tellement l'aimer qu'elle finira bien par me le rendre, d'ailleurs comment veux tu que je n'aime pas tous ceux que tu aimes et qui t'aime? Je me sens bête de t'écrire tout ça mais puisque je le pense, on n'écrit pas toujours les choses comme on les ressent, c'est beaucoup plus joli que ça mais c'est parce que c'est joli que c'est impossible a ecrire, ça n'a que la valeur de la sincerité! Oh chéri chéri comme je t'aime! Je crois que tu peux me faire n'importe quoi je t'aimerai toujours, tu es entré si profondément dans moi que rien ne pourras t'y faire ressortir quand je pense au retour je me sens glaçée de toute part et brulant dans mon cœur, c'est toi qui m'as envouté et c'est bien bon, envoute moi longtemps jusqu'a ce que j'en meure! Je vais m'endormir ce soir avec des rêves bleus, tu sais en pensé je t'en fais des choses, je ne suis pas du tout timide là, et de plus tu n'as rien a dire (dans mes pensés evidemment) Mon amour, je ne vis que dans la joie du retour, je chante pour toi, je respire pour toi, je vis pour toi, tout se rapporte a Toi et ça me fait vivre! Ne me quittes jamais, donnes moi qu'un peu de toi si tu ne peux pas faire autrement mais donnes moi toujours un peu de toi pour continuer a vivre! Ecrase moi contre toi! Je t'aime mon grand

ton petit loux

Carta da página 41.

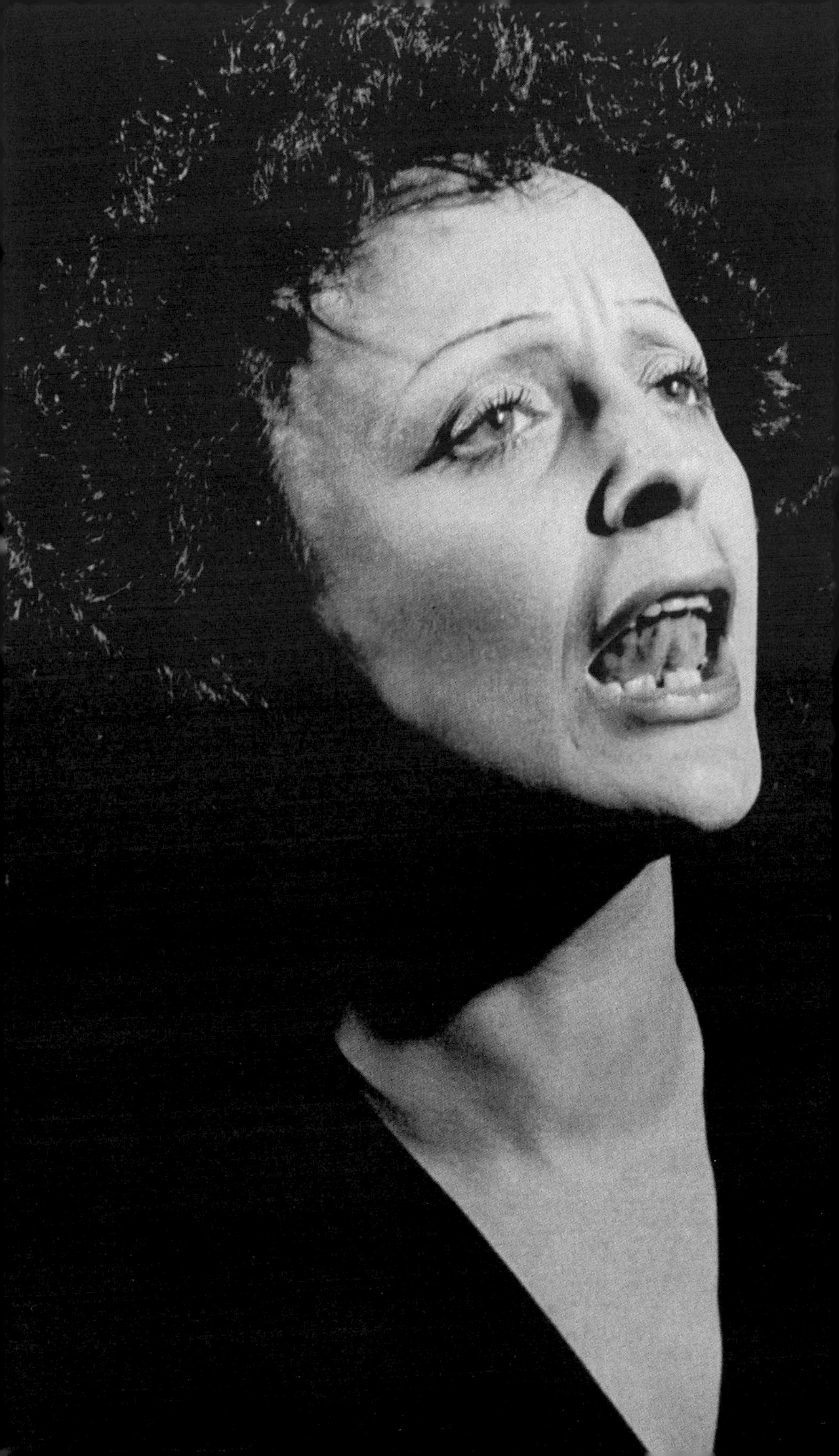

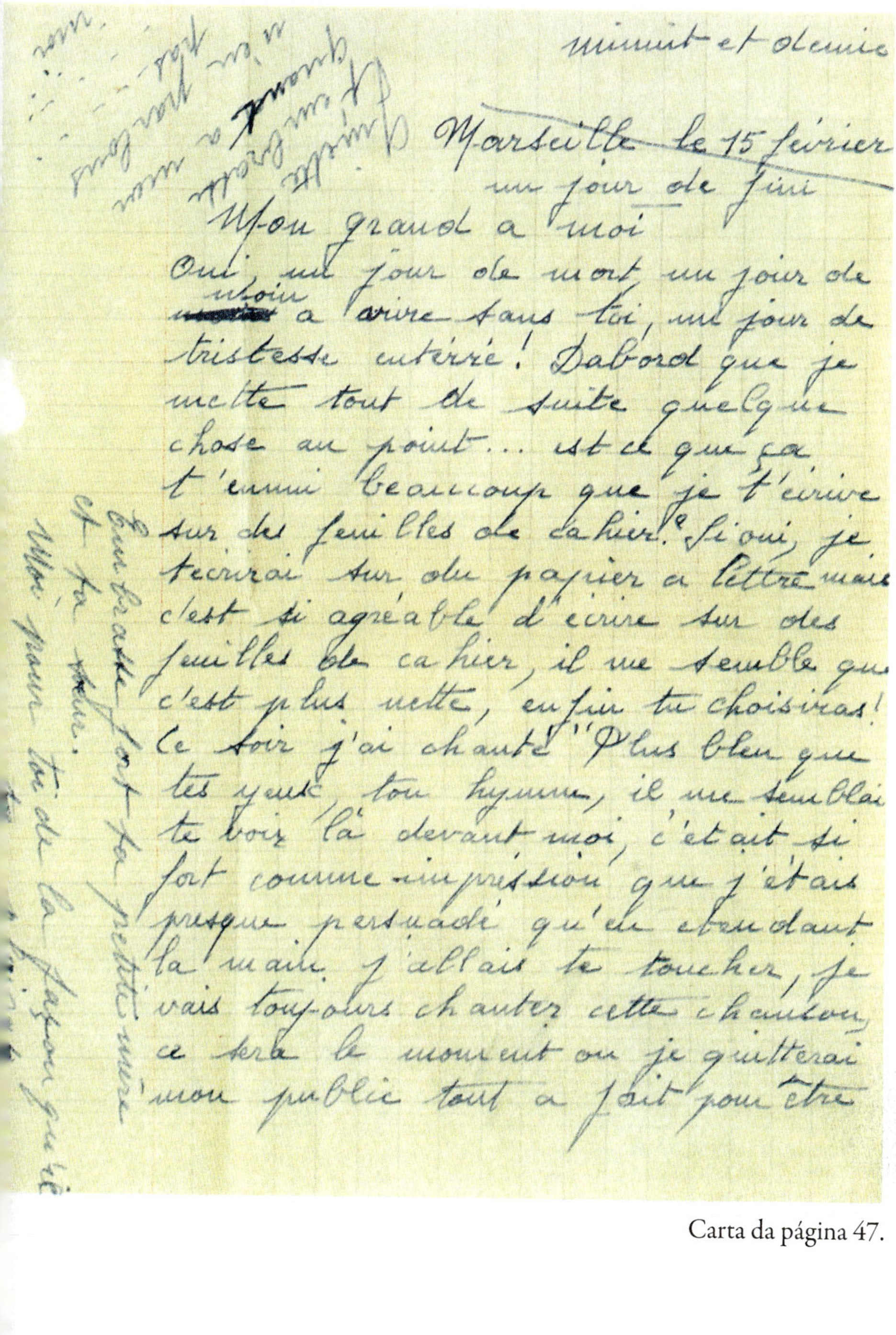

minuit et demie

~~Marseille le 15 février~~
un jour de fini

Mon grand à moi

Oui, un jour de mort, un jour de moins à vivre sans toi, un jour de tristesse enterré! D'abord que je mette tout de suite quelque chose au point... est ce que ça t'ennuie beaucoup que je t'écrive sur des feuilles de cahier? Si oui, je t'écrirai sur du papier à lettre mais c'est si agréable d'écrire sur des feuilles de cahier, il me semble que c'est plus intime, enfin tu choisiras! Ce soir j'ai chanté "Plus bleu que tes yeux" ton hymne, il me semblait te voir là devant moi, c'était si fort comme impression que j'étais presque persuadée qu'en étendant la main j'allais te toucher, je vais toujours chanter cette chanson, ce sera le moment où je quitterai mon public tout à fait pour être

Embrasse fort ta petite sœur et ta [illegible]

Carta da página 47.

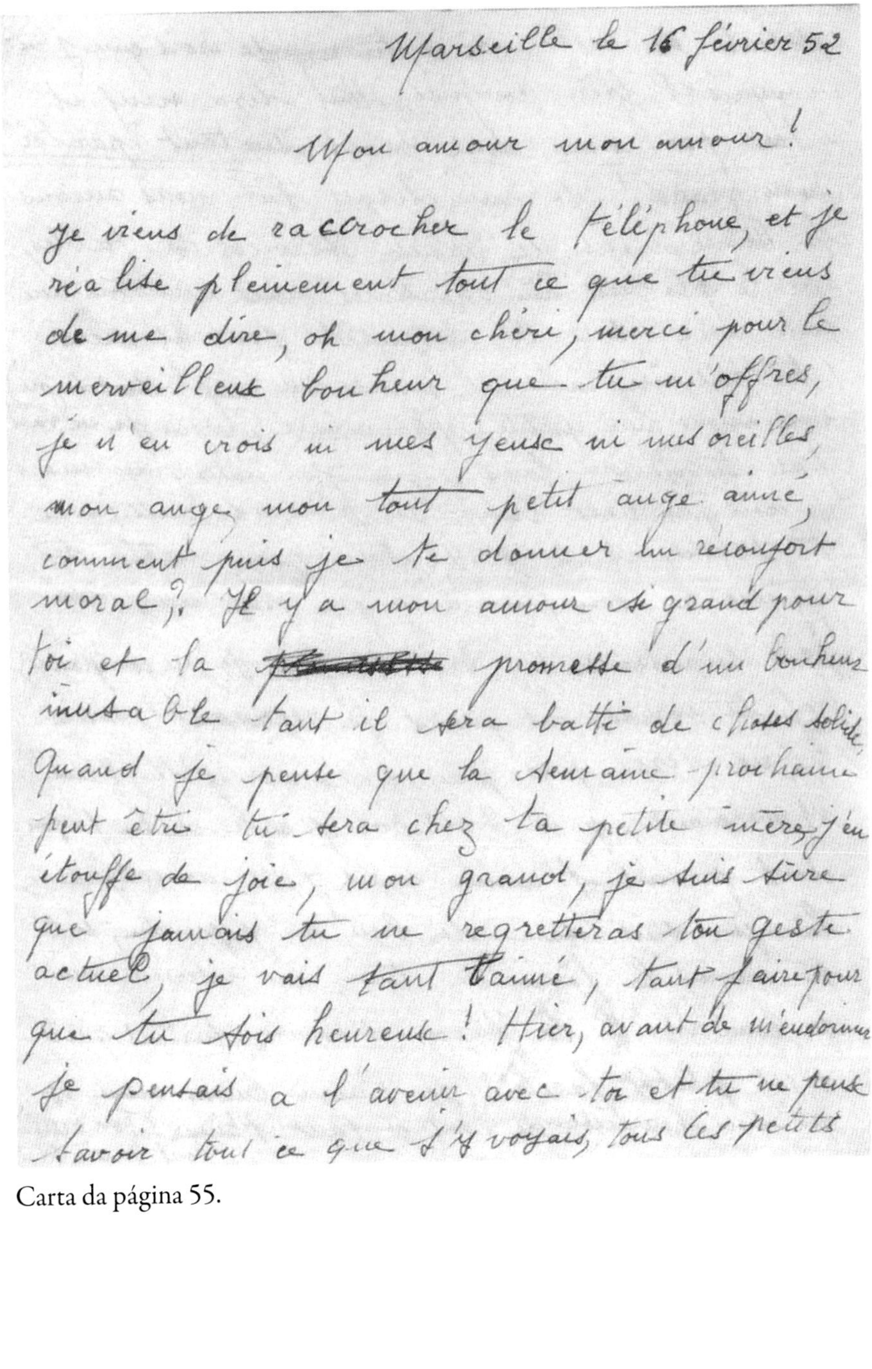

Marseille le 16 février 52

Mon amour mon amour!

Je viens de raccrocher le téléphone, et je réalise pleinement tout ce que tu viens de me dire, oh mon chéri, merci pour le merveilleux bonheur que tu m'offres, je n'en crois ni mes yeux ni mes oreilles, mon ange mon tout petit ange aimé, comment puis je te donner un réconfort moral?. Il y a mon amour si grand pour toi et la ~~[illegible]~~ promesse d'un bonheur inustable tant il sera bâti de choses solides. Quand je pense que la semaine prochaine peut être tu sera chez ta petite mère, j'en étouffe de joie, mon grand, je suis sûre que jamais tu ne regretteras ton geste actuel, je vais tant t'aimer, tant faire pour que tu sois heureux! Hier, avant de m'endormir je pensais à l'avenir avec toi et tu ne peux savoir tout ce que j'y voyais, tous les petits

Carta da página 55.

encore huit jours

Marseille, dimanche 17 février 1952
a une heure et quart

a demain mon amour chéri

Mon adoré

Que c'est long les jours sans toi mon amour, c'est vraiment interminable, que peux tu donc avoir pour être si obsédant, tu es beau, d'accord tu es gentil, tu es intelligent, tu es spirituel, tu ris bien, t'as des yeux merveilleux, tu as tu as... tout pour te faire aimer; t'es la même chose qu'un ange! Tu sais je crois que "Plus bleu que tes yeux" je dois bien la chanter car depuis le premier soir les gens crient bravos, peut être qu'ils sentent tout l'amour que j'y mets, c'est vraiment bon de chanter cette chanson, c'est ma déclaration d'amour de tous les soirs qui s'envole vers toi. Il nous est arrivé une histoire marrante avec Loulou, Jaqueline, Guitte et moi, mais je te la raconterai de vive voix, car je ne sais pas si je saurais l'écrire! aujourd'hui j'ai été très émue car j'ai retrouvé la seule amie d'enfance que j'ai eu étant gosse, cela faisais 22 ans que je ne l'avais pas vu, j'avais très peur d'être déçue mais je l'ai retrouvée presque pareille, elle avait bien du mal a me parler tant elle était émue, elle a gardé toutes les lettres que je lui écrivais et mes photos

Carta da página 59.

Mr Ma Merveille

rue du bonheur

à

Amour Eternelle

(Paradis)

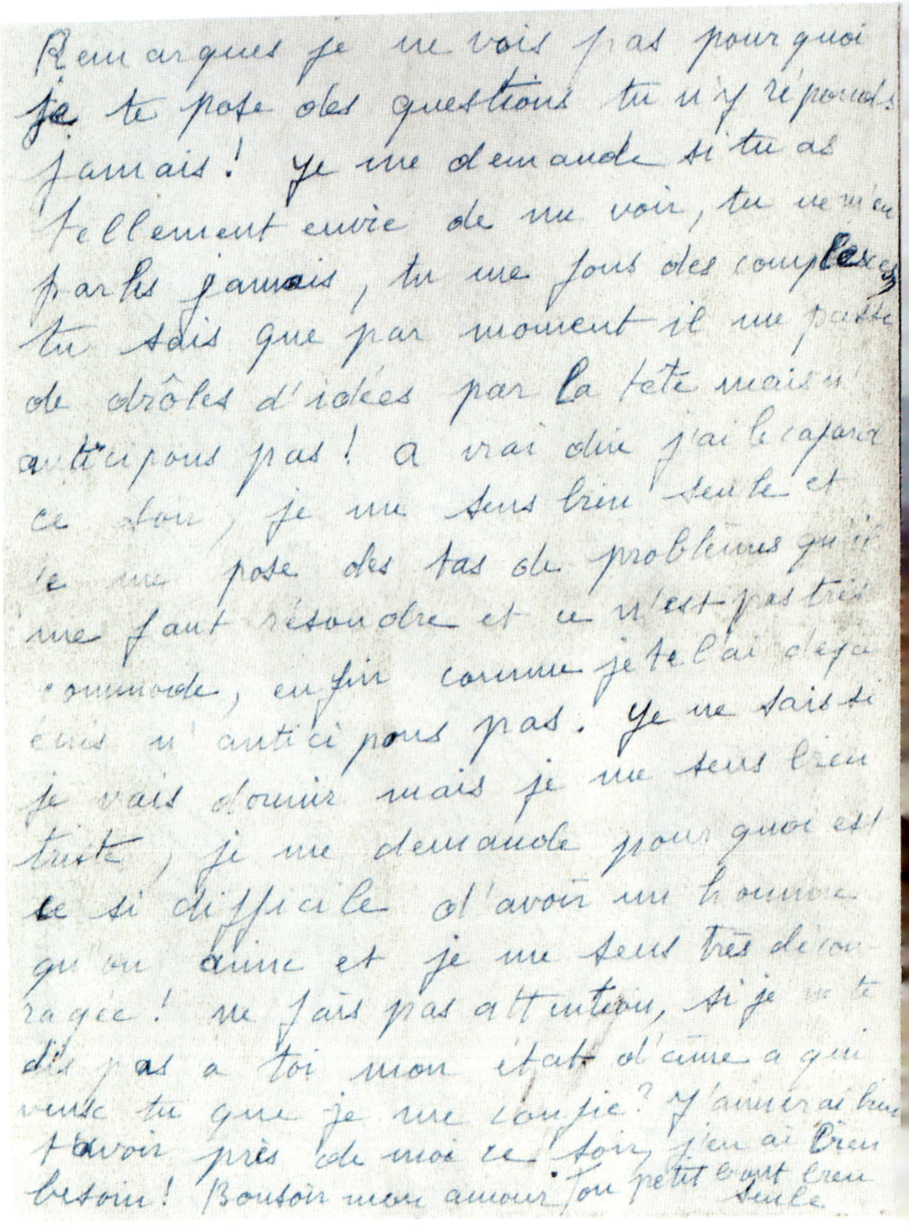
Remarques je ne vois pas pourquoi
je te pose des questions tu n'y réponds
jamais! Je me demande si tu as
tellement envie de me voir, tu ne m'en
parles jamais, tu me fous des complexes
tu dis que par moment il me passe
de drôles d'idées par la tête mais n'
anticipons pas! à vrai dire j'ai le cafard
ce soir, je me sens bien seule et
je me pose des tas de problèmes qu'il
me faut résoudre et ce n'est pas très
commode, enfin comme je te l'ai déjà
écrit n'anticipons pas. Je ne sais si
je vais dormir mais je me sens bien
triste, je me demande pourquoi est
ce si difficile d'avoir un homme
qu'on aime et je me sens très décou-
ragée! ne fais pas attention, si je ne te
dis pas à toi mon état d'âme à qui
veux tu que je me confie? J'aimerais bien
t'avoir près de moi ce soir, j'en ai bien
besoin! Bonsoir mon amour, ton petit enfant bien
seule.

Carta da página 82.

Senhor Nicolas
5 rue Gambetta
Boulogne-Billancourt
Seine

Terça-feira, 19 de fevereiro de 1952
à uma e vinte (13 horas e vinte)

Meu grande amor meu

Muitas coisas te atormentam não é? Não vejo a hora que tudo isto acabe para que você possa relaxar e descansar, meu lindo anjo meu, como gostaria de compartilhar tuas preocupações, veja, estou numa angústia terrível também e gostaria que tudo terminasse bem depressa, que suspiro de alívio o dia que você me anunciar que está tudo resolvido. Estou triste por saber que o terreno não deu certo, estava tão feliz porque era em Boulogne, e porque finalmente era uma coisa que ia se concretizar, enfim, esperemos encontrar outra coisa melhor e logo e, sobretudo, em Boulogne! Acho que meu filme será adiado, não é tão ruim porque assim vou ganhar mais dinheiro imediatamente, quanto ao trabalho não é preciso se preocupar, tenho até demais! Aqui tudo continua em ritmo acelerado, parece que estou batendo todos os recordes inclusive os de Maurice, depois que soube disso me tornei muito pretensiosa. Parece que os dias se alongam só para me aborrecer, não acabam nunca esses desgraçados, e quando chega a noite eu digo "Ufa", este também se foi, não falemos mais nisso! É difícil me entender? É que escrevo com todo o meu coração o que passa pela minha cabeça, por isso às vezes fica meio sem nexo. Mostre os pontos pouco claros e eu vou explicar para você. Como vai a tua mãezinha? E tua irmã, e papai Gérardin? Beije todos eles por mim! Sei que tua mãe está possessa com Bichette e devo dizer que fico bem contente com isso, é claro, você deve ficar aborrecido, mas moralmente isso deve te ajudar muito e eu vou te fazer esquecer de tudo! Encontrou o casal Pélissier? Suzy? Preste atenção, seja amigo de todas essas pessoas, de Lesourd também! Seja precavido e não perca tempo. Algo me diz que ela está preparando alguma encrenca, seja mais rápido do que ela! Meu amor você vai ver como vou saber te amar! E então, fico pensando, Charles viu nós três na cama, Lesourd também! Vai precisar se defender meu adorado! Até a noite, meu grande amor! Tua coisinha pela vida toda. Eu

Ginette também viu nós três na cama, ela até tomou o café da manhã no pé da cama!

Eu te amo meu menino

Senhor Nicolas
5 rue Gambetta
Boulogne-Billancourt
Seine

Terça-feira, 19 de fevereiro de 1952
Meia-noite e quinze
Ainda 6 dias

Meu terno amor,

O que você acha do meu novo papel de cartas? É um papel bem bonito este papel, vou poder dizer tudo a este papel. Ele não te conhece ainda, mas logo saberá quem você é e o quanto você é amado! Se você soubesse como me transformo a cada dia, se percebo uma coisinha, me faço uma ideia de quase todas as outras, mas se perdi alguma coisa você vai me dizer! Não vejo a hora que chegue a semana que vem, porque talvez tudo isto terá acabado e eu não viverei mais na angústia, e poderemos trabalhar para o nosso futuro, porque há trabalho suficiente para construí-lo bem bonito, veja bem, nós temos tudo o que é preciso para isso, pode-se dizer que temos um bom e sólido material! Telefonei a Dedé, porque estava preocupada que você não me ligasse de volta. Dedé me falou do teu telefonema aflito, e voltei a ficar angustiada, não vejo a hora meu amor que isto acabe, quando você estará com sua mãezinha ficarei mais tranquila, e te sentirei mais meu!

Vou fazer um daqueles tratamentos de beleza que você não vai acreditar na lindeza que vai voltar para você: Rita Hayworth, *nem comparação*! Vai ver que a jovem que vai encontrar, aliás, não sei não, acho que vou participar de um concurso de beleza! Você poderá se gabar de ter contribuído e muito para toda esta mudança! Gostaria de te fazer rir um pouco te fazer esquecer todos os teus aborrecimentos, para distender um pouco tua testa querida *m'amour*, aguente firme, pense que vamos ser terrivelmente felizes. Sabe, na minha vida tive certeza de poucas coisas mas quando tive, *era certo* e tudo o que eu previa acontecia ponto por ponto, bom tenho certeza de uma coisa, se você voltar para mim, *vou* te *fazer feliz*; é claro que não paro de te escrever que te amo e isso pode parecer banal mas para mim essa palavra representa todo o imenso amor que tenho por você, é verdade quando digo que daria com alegria a minha vida para que você fosse feliz, faria tudo por você. Meu sentimento é grande, forte e profundo, meu amor não pode acabar, só acabará quando a minha vida acabar, é verdade você sabe meu querido, sei o valor das palavras e sei o que te escrevo: quando te vejo para mim você é como um raio de sol, fico todinha quente, realmente você me ilumina, é maravilhoso te amar. Daqui a seis dias vou ver teus lindos olhos, sentir tua pele, teu cheiro, ouvir e ver tua risada que adoro, tocar teus lindos cabelos, e quando te pertencer de novo garanto que você vai sentir como estou feliz de ser tua. Às vezes penso com tanta intensidade em nós dois... e é terrivelmente bom; eu também gostaria de te sentir feliz mas realmente feliz, quero aprender. Veja, acho que, quando a inspiração ajuda, é preciso inventar o que os outros fazem, me parece que é uma coisa que deve vir naturalmente! Mas gostaria de inventar coisas maravilhosas, coisas que se tornassem necessárias para você, ah sim, quero que você seja feliz em todos os pontos de vista! Olhe, meu menino, vou dormir como todas as noites, com você, sonhando docemente que você me pega nos seus braços e que você me pega nos seus braços e que me toma realmente. Tua coisinha

Senhor Nicolas
5 rue Gambetta
Boulogne-Billancourt
Seine

Marselha, 20 de fevereiro de 1952

Meu anjinho

Lamento realmente ter reagido mal hoje de manhã, não tenho desculpas como deveria, só que meu coração reagiu mais depressa do que meu pensamento! Mas não se preocupe por mim, você sabe e volto a dizer: qualquer coisa que você faça para mim você terá sempre razão e eu jamais ficarei ressentida! De toda maneira nunca acreditei nessa grande felicidade de ter você, sabe, há coisas tão lindas que não podem se realizar, e para mim, essa felicidade era tão grande que me dava medo, e minha angústia também era lancinante. Agora sei por que todos os meus belos sonhos desmoronam de uma vez só, mas novamente isso não tem importância, eu te abro o meu coração pela última vez não vou mais tocar nesse assunto, acho que o melhor é eu viajar com frequência, assim não vou te aborrecer e quem sabe pouco a pouco você encontre novamente a calma e a felicidade na tua casa, eu escrevo isto do fundo do meu coração sem nenhuma amargura, eu te amo demais para não desejar a tua felicidade! Agora não vamos mais falar nisso, vou tentar agir da melhor maneira evitando me queixar ou chorar, principalmente diante de você!

Bom, chega dessa conversa.

Pensei que poderia pegar o trem de segunda à noite mas é realmente impossível, eu teria de fazer a primeira parte do espetáculo e Tony tem medo de que os espectadores reclamem. Enfim, vou fazer o que puder e se tiver a possibilidade de pegar o trem da noite vou fazer isso, em princípio vou fazer o impossível! O tempo está sempre ruim em Paris? Aqui o sol voltou e parece que a gente está em plena primavera! Meu anjinho querido, vou te deixar até a noite, antes de dormir gostaria de conversar ainda um pouco com você! Me tome em seus braços e me aperte bem forte, eu preciso muito, você sabe: Ginu manda um abraço e eu te amo, te amo. Tua coisinha!

Senhor Nicolas
5 rue Gambetta
Boulogne-Billancourt
Seine

Marselha, 20 de fevereiro de 1952

Meu amor,

Nesta noite estou muito triste e não sei o que te escrever, vou dizer que te amo, que você é toda a minha vida e que sem você nada existe para mim, você já sabe, do futuro não ouso falar, de mais a mais você nunca me escreve! Sabe, estava tão desesperada por te deixar da outra vez, eu pressentia o que iria acontecer, sabia que cada vez que você me deixava aparentemente para agir tinha certeza de que não servia para nada, que você nunca iria até o fim e que você me roubava momentos por nada, se eu quero tanto te ter para mim é porque sei desde sempre que um dia nossa história chegará ao fim, que um dia eu partirei para muito longe e não te verei nunca mais! Se ainda eu tivesse a certeza de que você está feliz e não lamenta nada, mas eu não acredito e continuo convencida de que eu te teria feito muito feliz!

Enfim, você é o único juiz! Acho que finalmente vou poder voltar com o trem de segunda à noite. Tony fará anunciar na publicidade do show que eu vou me apresentar mais cedo, veja bem, nisso tudo eu sou a única a me sentir feliz por poder voltar um dia antes, a cada dia mais me dou conta de que amar as pessoas com toda a alma e abrir a elas o próprio coração é uma total falta de equilíbrio, não se deve fazer isso, eu só poderia me machucar! Evidentemente deveria te escrever que tudo vai bem, que estou feliz que te amo e que tudo é maravilhoso, confesso que seria muito duro! Enfim, é a vida, ela é desse jeito! Mas mesmo assim, tudo o que eu posso te dizer é que te amo perdidamente, que nada para mim é importante além de você e que acho que não vou te esquecer tão cedo, quero que você saiba que te admiro e te respeito do mais profundo do meu ser, e que teria sido feliz de me tornar tua esposa, é provável que eu não te mereça, porque sei que nada do que você faz é injusto. Portanto só eu sou a responsável! Estou muito grata a você por me ter feito acreditar que podia ser uma mulher como as outras e que podia acreditar na felicidade, acreditei nisso durante alguns meses e nesse tempo fui plenamente feliz, agora eu pago e é bastante normal! Em todo caso nunca vou ficar ressentida com você, o que quer que aconteça, te amo demais para isto! Bom, vou te deixar; ontem ainda eu tinha sonhos para me embalar, hoje tenho minha decepção. Te beijo com todo o meu amor.

Tua coisinha nada alegre!

Senhor Nicolas
5 rue Gambetta
Boulogne-Billancourt
Seine

Quinta-feira, 21 de fevereiro

Meu anjinho adorado,

Teu telefonema me fez muito bem, quando você é gentil assim me faz muito feliz. Em todo caso, minha boquinha querida, faça o que achar melhor, eu te amo tanto meu amor querido, não quero de modo algum ser motivo de tormento para você, que teus olhos estejam sempre felizes quando me virem. Meu amor meu amor como eu te amo; como uma louca! Mais quatro dias e finalmente vou te ver, sabe o que gostaria de fazer, olha; prepare-se porque vou ser ousada; então, puxe as cortinas, apague a luz... assim... Gostaria de te deixar todo nu sobre a cama, primeiro de costas e te beijar todo, depois de bruços, aviso com toda honestidade que não vou poupar nenhum lugar, quando escrevo que vou te beijar todo lugar, é *todo lugar*, você não vai poder dizer que te peguei desprevenido! Aliás, se eu fizer tudo o que quero fazer, tenho certeza de que minha imaginação é maior que a tua! Aznavour vai para o Canadá no dia 26 deste mês, e eu falei para ele vir 24 horas antes para se despedir de mim e além disso gostaria que ele me escrevesse outras músicas do gênero de Jezebel! Você me disse que viu uma casa possível para nós, você não tem medo de que possa haver sempre um monte de coisas que depois a gente não vai gostar! Enfim, faça como achar melhor, de todo modo o que você fizer será perfeito! Não sei o que eu tenho esta manhã, estou tremendo e não consigo segurar a caneta, você vê como minha letra está esquisita, minha caneta escapa por todo lado não consigo segurar; devem ser meus nervos! Hoje tenho uma matinê, com isso o dia fica cortado em dois e tenho a impressão de que passa mais depressa! Dessa vez é certo; volto na segunda à noite, vou chegar às nove da manhã, e provavelmente estarei em casa perto de dez horas, e você meu amor? A que horas vai chegar? Tenho tanta vontade de te ver! Vou te escrever ainda à noite, amanhã ao acordar e depois acabou senão vou chegar antes das minhas cartas! Então, ouve bem: enquanto espero a segunda-feira, eu beijo tua boca querida, tuas lindas mãos adoradas, teu ser maravilhoso e te beijo em todo lugar onde seria pouco educado na frente de todo mundo! Um abraço muito apertado, vou sonhar sonhos azuis.

Tua coisinha

Senhor Nicolas
5 rue Gambetta
Boulogne-Billancourt
Seine

Quinta-feira, 21 de fevereiro de 1952
Meia-noite e meia
Ainda 4 dias

Meu grande amor meu,

É muito tempo, é horrivelmente muito, não tenho muita imaginação quando preciso dizer: mais que quatro dias; é sempre a palavra (ainda) que me vem à cabeça em lugar de mais que; sinto sua falta meu menino, preciso de você para viver, para rir, para respirar, e principalmente para amar a vida, sabe; aqui as pessoas são gentis; me fazem uma ovação formidável, ainda esta noite me jogaram flores em cena, umas crianças vêm todas as noites, eu deveria me sentir feliz com isso, mas meu querido, só você pode me trazer aquilo de que preciso, minha vida é você, só você meu menino, não desperdice este amor querido, não me faça esperar demais, estamos perdendo tempo, um tempo maravilhoso, pense que é difícil encontrar o amor, que há pessoas que passam a vida toda uma ao lado da outra, ou então só uma delas ama, mas meu amor, nós dois nos amamos tanto, que sorte temos, será que você se dá conta... e além disso temos a sorte de não sermos jovens demais, portanto temos certeza dos nossos sentimentos porque você viveu bastante e eu também, e por tudo isso meu menino devemos ser muito felizes! Sobretudo não seja muito escravo dos preconceitos, só temos uma vida e quando é tarde demais, bom, é realmente tarde demais. Um poeta disse: é preciso sempre ter remorsos e nunca arrependimentos; e é verdade: quando não damos o devido valor a uma coisa muito bonita, não só devemos nos arrepender como talvez sentir também remorsos??? Pense também o que fariam os outros no seu lugar; além disso, você não é o primeiro que deixa sua mulher, sabe, ninguém vai se espantar, outros já fizeram isso e farão depois de você, só ouço gente falar: minha primeira mulher, meu primeiro marido, principalmente porque você não tem filhos, sim querido, venha logo, não desperdicemos horas maravilhosas, venha logo para construirmos o nosso futuro, vamos pintá-lo de ouro e azul, vai ver meu amorzinho querido como vou te amar, e não pense que só você vai assumir responsabilidades, não meu menino, eu assumirei junto com você, eu também sou forte sabe, mas antes de tudo sou mulher, e no meu coração e na minha alma sou tua mulher *te pertenço*, só amo você neste mundo, te suplico de joelhos venha e se deixe amar meu amor, você verá como saberei te fazer esquecer teus tormentos e teu passado! Eu sou tua, meu menino, para sempre se você desejar e que Deus me castigue se um dia eu mudar de opinião. Sou tua pelo tempo que você quiser. Tua coisinha pequenina.

Senhor Nicolas
5 rue Gambetta
Boulogne-Billancourt
Seine

Sexta-feira, 22 de fevereiro de 1952

Meu lindo anjo azul,

É a última carta que te escrevo, dentro de três dias pego o trem e daqui a quatro dias vou te ver, Deus do céu, certas alegrias são quase inacreditáveis. Querido, diga-me pelo telefone se você tem vontade de me ver, gostaria de te ouvir dizer que também acha a demora muito grande, sabe antes, às vezes você me telefonava (assim que me deixava) para dizer que me amava, bom, se você soubesse a felicidade que você me dava meu menino, é que em certos momentos eu não sinto você e meu coração fica apertado, talvez seja uma coisa idiota mas é assim. Sabe, quando a gente está longe, uma coisa de nada toma proporções terríveis, ontem, por exemplo; você foi particularmente gentil, terno e amoroso, bom se você visse a felicidade que você me deu se sentiria orgulhoso, ao passo que hoje não te achei tão adorável como ontem então imediatamente meu coração fica angustiado, eu sei que isso pode parecer idiota mas eu te amo no verdadeiro sentido da palavra e tudo o que vem de você é importante para mim, eu bebo as tuas palavras, fico esperando por elas ou melhor não, é meu coração que espera, então é ele que as recebe, eu te devoro com os olhos para não deixar escapar nada de você e se minhas mãos tivessem o poder ah eu te tocaria em toda parte ao mesmo tempo, sim é assim que eu te amo, nada é belo para mim só você! você! você! E além de tudo a nossa situação é delicada, você não é inteiramente meu, então imagine o que eu passo em alguns momentos quando penso em certas coisas, eu sei que tua situação não é fácil, mas pense também que você é responsável em parte; compreende, por você eu faria qualquer coisa no mundo, não há senão uma coisa que me importa nesta terra, é você, eu acabo de me dar conta de repente de que só vou chegar na terça-feira, então vou poder te escrever ainda esta noite e amanhã de manhã, assim serão mais duas cartas! Realmente meu lindo amor não sei o que você me fez, mas é que estou literalmente louca por você, esta noite não dormi um minuto mas não estou mais aborrecida, você deve estar cansado depois de tudo o que fizemos esta noite, e você não inventa mais nada ou pelo menos não me ensina mais nada, a aluna seguramente superou o professor! Sufoca-me em teus braços, estreita-me contra você para eu desaparecer por completo, fala comigo com a tua voz que eu amo tanto e me toma do jeito que você quiser!

Tua coisinha

Senhor Nicolas
5 rue Gambetta
Boulogne-Billancourt
Seine

Sexta-feira, 22 de fevereiro de 1952
Meia-noite e 35
Ainda 3 dias

Meu menino todo meu,

Ah, não vejo a hora que chegue terça-feira meu amor, não aguento mais você sabe, tenho vontade de te beijar meu amor, como tenho vontade de me dar inteiramente a você, como tenho vontade de estar embaixo de você, com tuas mãos segurando minha garganta e te ouvir dizer todas as coisas que gosto de ouvir, ah, sim tenho vontade de ser coberta por você, de não ser mais nada, te sentir meu dono absoluto, sabe, você pode se gabar de ser amado! Estou aborrecida por causa de Boulogne, mas se não pode ser de outro modo e se você gosta desse hotelzinho seguramente vou gostar, você me diz que está com os pés no chão, eu me recuso absolutamente, é bom demais te amar como eu te amo e amar tudo o que você ama, eu te adoro e toda a minha vida, minha vontade é você, sou feliz quando você é feliz! A única coisa agradável em ficar num hotel próximo é que evidentemente é mais rápido, não vejo a hora de ser tua imediatamente, acredita que isso vai acontecer um dia?

Devo dizer que em alguns momentos me desespero, enfim, quem viver verá! Esta noite em Marselha tinha greve dos bondes, achamos que isto prejudicaria o show, bom fizemos 100.000 francos a mais do que na sexta-feira passada, é ótimo, você está contente do seu pedacinho de gente! Esta noite não dormi um minuto, estava enlouquecendo de tão superexcitada, então pude pensar em algumas coisas, você ficaria vermelho te garanto! Lulu me pergunta todos os dias "Então, e ele?" Então respondo "sempre na mesma" e ele vai embora com um ar decepcionado, sou eu que o animo agora, ele fica surpreso de ver que falo dessas coisas sorrindo, ele não acredita! Hoje fiquei muito feliz, dois telefonemas, você tinha perdido o hábito não é? Eu não, eu esperava todos os dias pacientemente, mas era como a Irmã Anne[2], não via chegar nada. Esta é a minha penúltima carta e daqui a 3 dias vou pegar o trem, ufa, estou cheia de esperar! Teus pais vão bem? Tua irmã? E você? Viu não sei porque faço perguntas, você nunca responde. Me pergunto se você tem mesmo vontade de me ver, você nunca fala nada disso, você me enche de complexos, sabe que tem horas em que me passam pela cabeça ideias muito esquisitas mas não vamos antecipar! Para dizer a verdade esta noite me sinto deprimida, me sinto muito só e penso num monte de problemas que preciso resolver e não é muito confortável, enfim como já escrevi, não vamos antecipar. Não sei se vou dormir, mas me sinto muito triste, me pergunto por que é tão difícil ter um homem que amo e me sentir tão infeliz! Não me dê atenção,

---

2 Referência à *Soeur Anne*, canção escrita por Piaf. (N.T.)

se não contar para você o meu estado de espírito com quem você quer que eu me abra? Gostaria de te ter perto de mim esta noite, preciso muito mesmo. Boa noite meu amor.

Tua coisinha muito só

Senhor Nicolas
5 rue Gambetta
Boulogne-Billancourt
Seine

Sábado, 23 de fevereiro de 1952

Meu anjinho loiro,

Esta é realmente a última carta, quando você a tiver em suas lindas mãos só restarão vinte e quatro horas, menos até! Bom, seria muito estranho se eu me delongasse, as passagens já foram compradas, já começamos a organizar a volta e com que alegria meu Deus, *m'amour m'amour* como estou feliz de te amar, apesar do sofrimento que em certos momentos você me faz passar mesmo assim estou feliz porque ele vem de você que eu adoro! Meu senhor querido que adoro! A que horas você vai estar lá? Minha boca adorada, só de pensar nos teus olhos fico excitada, como você é lindo meu Deus do céu! Daqui a pouco, vêm me procurar para ir à Notre-Dame-de-La-Garde, quero te dizer que vou e vou de todo o meu coração, não, sério mesmo... Você acredita que um dia ficaremos juntos? É uma brincadeira a tua vinda, não é? É para a gente rir, ou talvez daqui a uns trinta anos! Enfim, de qualquer jeito te amo, e você faça o que quiser, para me consolar penso: se ele fosse realmente infeliz do outro lado não ficaria lá ou se ele fica lá é porque encontra sua parte de felicidade e o complemento ele encontra em mim, não é querido? Reconhece que é mais ou menos isso! Em todo caso tenha certeza, não vou perguntar mais nada a respeito da tua vinda, só você vai julgar e se um dia tiver vontade mesmo sabe que eu vou te esperar, sabe que da minha parte tudo se ajeita, você não terá problemas por minha causa. Eu te amo por você meu querido e quero realmente saber que você é feliz. Eu me sinto extremamente cansada, preciso de longas férias no campo, longe de tudo, sem ninguém perto de mim só você, mais ninguém que fale para não dizer nada, nada de telefonemas idiotas de pessoas que sempre acham que têm alguma coisa para dizer, se não esperasse o *teu* telefonema todos os dias nunca atenderia, evidentemente, poderia dizer "além dos telefonemas de Paris não estou para ninguém", mas vai que se enganem e digam para *você* que não estou, eu ficaria doente, mataria todos no telefone e pegaria imediatamente o trem para Paris! É uma besteira amar desse jeito? Mas mesmo assim, tenho a impressão de que não só eu tenho a parte melhor, como estou perto da verdade! Meu menino querido, meu homem que amo, logo vou poder pôr meus lábios sobre os teus lindos [*falta a palavra*] que adoro, vou sentir o cheiro da tua pele, vou te ouvir rir, te ouvir falar, ver teus olhos maravilhosos, o loiro dos teus belos cabelos, você! Até terça-feira meu amor, você é o homem mais lindo da terra tenho certeza, nenhum se iguala a você! só penso em você, sonho com você morro por você! Abraça-me e aperta-me contra o teu coração, fecha-me em teus braços e aperta aperta aperta forte.

Tua coisinha toda tua

Senhor Nicolas
5 rue Gambetta
Boulogne-Billancourt
Seine

Domingo, 24 de fevereiro de 52

Meu anjo adorado,

Veja, não quero que o domingo passe sem uma carta e vou ver se os correios podem arranjar um serviço especial para você receber sua correspondência habitual. Resolvi ir a Notre-Dame-de-la-Garde e vou rezar muito para que ela atenda o meu pedido, vou dizer a ela: "Fazei com que eu pertença a ele para sempre, fazei com que eu seja sua esposa diante de Deus, que me deixem amá-lo e fazê-lo feliz, olhai no meu coração e vereis o quanto eu o amo, fazei com que ele seja meu, é a única coisa que me importa neste mundo". É isso que vou dizer a ela... você acha que ela vai me atender? Sim, é preciso, o que é que eu poderia fazer neste mundo sem você... nada! Enfim, logo mais vou poder te olhar, oh meu amor como você é maravilhoso como você é lindo e como eu te amo! Só posso viver com você, quando não falo de você penso em você, eu te vejo e te ouço, uma verdadeira obsessão. Te peço, acredite, rezo muito todos os dias para ter você, o meu coração está totalmente nu, e Deus deve ver a força do meu amor! Você não me fala nunca de você que no entanto é a única [coisa] que me interessa, teu ânimo querido como vai? E a saúde? Dedé me disse que você emagreceu ainda mais, mas não se atormente, eu te espero, eu te amo e confio em você, faça tudo o que achar que deve fazer porque tudo o que você fizer será sempre bem feito, quero mais sofrer no meu cantinho se for para te poupar problemas, você é meu menininho querido que adoro. Sabe, estou decidida a ter uma vida bem saudável quando voltar, sinto que preciso disso, eu também estou extremamente cansada e eu que achei que estava engordando não passou de uma ilusão também preciso reagir energicamente! É curioso, escreveria horas e horas seguidas para você sempre tenho alguma coisa para te dizer, você não poderá se queixar quanto às cartas, e nem quanto aos outros pontos. No dia em que você vier (se é que vai vir) eu me pergunto se não vou enlouquecer de felicidade, ter você que eu adoro... não, é lindo demais, tenho sempre a impressão de não te merecer, te acho magnífico demais para mim, é verdade sabe, não estou te lisonjeando, penso isso mesmo! Beija teus pais e tua irmã por mim (o marido dela também), assim por nada, quanto a você minha boca adorada, eu te beijo, te beijo, te beijo e põe minha boca onde você quiser.

Tua coisinha toda tua

Senhor Nicolas
5 rue Gambetta
Boulogne-Billancourt
Seine

Domingo, 24 de fevereiro de 1952
Meia-noite e dez

Meu menino todo meu,

Sabe, mais penso nisso e mais tenho vontade de morar em Boulogne e de ter uma casa como a gente gosta, primeiro, não sei por que mas eu também me apeguei a Boulogne, talvez porque você a ama, porque é aí que você nasceu e onde seus pais queridos moram mas eu amo esse cantinho e sinto um aperto no coração só de pensar de ter de sair daí, e depois tenho a impressão de que nós aí seremos muito felizes, além disso, com a devolução do dinheiro da entrada, será quase o mesmo que comprar uma casa, fazer algumas reformas para termos para sempre o que a gente queria realmente, e depois me apeguei à ideia, que alegria ver nascer a *nossa casa*, aquela que deve abrigar o nosso amor, a casa que será feita de acordo com o nosso projeto e que crescerá cada dia um pouco sob os nossos olhos, ah sim querido, nosso amor merece que criemos uma coisa feita expressamente para ele, ah sim meu menino e faça com que seja em Boulogne, quero muito do fundo do meu coração, o terreno que tínhamos visto me parece bom, é perfeito que tenha muros, assim estaremos realmente à vontade na casa no verão, se você quiser ficar de cueca terá toda a liberdade, oh sim querido, faça o impossível para que, por um lado, moremos em Boulogne, e depois que a gente mesmo mande construir essa casa. Meu pequeno todo meu que amo tanto! Está contente de me ver? Eu morro de alegria e de impaciência, é claro que tenho muitos planos, mas quando você entrar no quarto, vou ficar petrificada de êxtase, não sairá nenhuma palavra da minha boca e vou ficar abobada de admiração. Se você soubesse como te acho bonito, veja, não preciso achar porque você é lindo, só eu vejo coisas que os outros não veem, nem você, são pequenos detalhes meus, que me pertencem. Meu amor, meu rei, se você soubesse como é lindo tudo o que há no meu coração para você, sim, está repleto de coisas belas! Sabe do que eu gostaria, lá vou eu, queria você todo nu na cama para eu me deitar entre tuas lindas coxas, minha cabeça sobre o teu pirulito e toda enlaçada pelos membros que em geral só servem para andar ou sentar, gostaria de ficar ali por muito tempo sem me mexer e deixar que meus sonhos se realizassem! Eu te amo demais sabe, este amor me tira o fôlego! Ajude-me a respirar meu menino meu, gostaria que já fosse terça-feira, será um espetáculo! Eu te amo minha boca querida.

Tua coisinha

Senhor Nicolas
5 rue de Gambetta
Boulogne-Billancourt
Seine

Paris, 11 de abril de 1952

Meu menino que adoro,

É de cortar o coração ver partir a pessoa que eu amo, tenho a impressão de que tudo desmorona ao meu redor, que o coração vai parar de bater, como se os soluços me sufocassem! Querido, meu amor, se você pudesse perceber o quanto eu te amo e como poderia te fazer feliz. Eu te suplico meu anjo não deixe escapar uma grande felicidade, eu sei, tenho a certeza de que você não se arrependerá! Só penso em você, só vivo por causa de você, menino que adoro, eu te queria tão feliz, o que fazer, meu Deus, o que fazer? Foi maravilhoso ontem, tenho a impressão de que nunca me dei para você com tanta força da minha alma e do coração, é lindo e é bom ser tua, eu me sinto tão bem quando te pertenço! Gostaria de ser a mulher mais linda do mundo, ter o apartamento mais lindo, ser indispensável à tua vida, e te fazer feliz como nenhum homem jamais foi! Eu me sinto perdida sem você, abandonada e sem vida, e pensar que você poderia me fazer um bem tão grande, tanto como mulher quanto na minha vida material, você foi minha salvação, que Deus te ilumine meu adorado, que ele te faça ver a grandeza do meu amor e a felicidade maravilhosa que te espera! Fui à igreja e rezei com todas as minhas forças, pedi a maravilhosa graça de ter você, meu menino, de ser tua para sempre, mas o que quer que aconteça fique comigo, mesmo na tua sombra vou ser feliz, e um dia talvez, de tanto rezar, de tanto te amar e te esperar você virá, e... Meu Deus, que felicidade naquele dia, ter você!!! Quando receber a minha carta já começará a se sentir melhor, poderá relaxar e talvez reencontrar seu equilíbrio, nem sei se eu posso dizer que tenho, mas de uma coisa estou certa, que te amo mais do que tudo no mundo, pode me pedir o que for que eu farei, nada é mais importante do que você, você, você! Não vejo a hora de encontrar uma outra coisa, tenho horror de não me sentir na minha casa e sinto falta do conforto. Vou mover céus e terra para encontrar o mais rapidamente possível um apartamento ou um terreno para mandar construir uma casa, porque acho também que é a única chance para mim de ter você realmente. Sei que tem horror de viver como um cigano e que não tem a menor paciência, mas confie em mim eu tenho paciência por dois! Então, meu menino, eu te espero, te amo, faz de mim tudo o que você quiser, quanto mais eu te sinto forte em cima de mim mais eu te amo, esmaga-me com toda a tua força, sei que serei feliz com tudo o que vier de você, meu querido que amo tanto, não tenha medo, sou tua e muito tua, sinto tuas mãos em mim em todo lugar e sei que não posso fazer nada porque elas são mais fortes e eu jamais farei nada para me desvencilhar delas! Só penso no momento em que pertenceremos um ao outro e como é maravilhoso. Se você soubesse quanto a tua coisinha te ama, que um amor como este é maravilhoso.

Senhor Nicolas
a/c de Madame Alice Colin
Rue de Gîtes
Vaucoulers
Meuse

Paris, 13 de abril (1952)

Meu anjinho que eu adoro,

Você acaba de desligar e eu te escrevo em seguida! Fico feliz quando ouço a tua voz... Meu amor, meu amor, mais o tempo passa e mais te amo, foi *você* que me enfeitiçou, e você fez um bem imenso porque é maravilhoso! Sim, é maravilhoso amar a ponto de viver por um telefonema! Talvez você me faça sofrer um bocado; mas também me dá alegrias imensas! Gosto de tudo em você; ainda não consegui encontrar uma desafinação em você, você é lindo em tudo, eu te amo como você é, com teus defeitos que para mim são qualidades! E, meu anjinho, não se aborreça por mim, faz o que manda o teu coração, não é possível que eu não te ganhe um dia! Deus me põe à prova, mas eu saberei ser digna do meu amor te esperando com todas as minhas forças! Vou preparar tudo para você, tudo tem de estar melhor inclusive eu. Vou trabalhar bastante para fazer a casa mais bonita para você, onde a felicidade se encarregará da decoração! E se eu não te ganhar, será porque não merecia! Seria tão feliz se eu tivesse você que talvez a felicidade seria demais para mim. Ignoro o que é o paraíso, mas acho que não pode haver uma felicidade maior do que a de ser a tua mulher diante de

Deus! Então, meu menino, não faça nada por enquanto, pare de se atormentar, continue com Bichette eu vou me contentar com aquilo que você quiser me dar! Não tenho já o bastante por saber que você me ama, que você não quer me perder, que você se sente bem quando está comigo? Oh sim, meu amor, já tenho muito porque ocupo um lugar no teu coração querido, guarda-me dentro dele, seja egoísta comigo, para mim essa é a única maneira de ser feliz. Seja muito exigente, obrigada pelas lágrimas que você me faz derramar, *tudo* o que vem de você é bom; quero ser inteiramente dominada por você, te suplico meu adorado, seja horrivelmente egoísta comigo. Faça como se nada tivesse acontecido, peça *tudo* e seja feliz meu amor lindo! Vou comprar um terreno e, enquanto estiver nos Estados Unidos, você cuidará da construção da casa que será talvez a tua um dia se Deus me conceder a grande graça de ter você completamente para mim. Assim suavemente você irá se acostumar com essa casa e não se sentirá perdido se entrar nela um dia! Eu terei feito a grande turnê que preciso fazer e ajeitarei a minha vida para adequá-la inteiramente à tua, assim talvez tenha o direito de ter você. Talvez também você possa se organizar para me dar alguns dias inteiros de tempos em tempos! Quem sabe o trabalho que você escolher permitirá que você viaje de vez em quando para ficarmos juntos por alguns dias, eu serei a mulher mais feliz do mundo! Vamos ficar bem escondidos para que você nunca tenha aborrecimentos em casa e ainda teremos grandes momentos de felicidade! No fundo, sei que a minha vida não está devidamente resolvida para te receber, vou fazer todos os esforços que forem necessários para deixar tudo em ordem; mas confie em mim, estou trabalhando para isso! Quero saber que está feliz, se um de nós dois deve sofrer, que seja *eu*!

Quando eu estiver nos Estados Unidos, vou te mandar tudo o que eu ganhar, e você usará esse dinheiro para nós dois mais tarde, para montar um belo negócio, que me permitirá finalmente descansar ao lado do homem que amo! Tenho certeza de que o meu amor vencerá; te amo tão completamente que é impossível que um dia eu não tenha você! Portanto, meu menino que adoro, fique tranquilo, confio em você e sei que você não faz nada que seja injusto, se há alguma falta, é seguramente do meu lado! Gostaria de poder viajar uns dias sozinha com você, para algum lugar onde pudesse te ter completamente vinte e quatro horas por dia, a separação seria dolorosa mas que dor maravilhosa, nessas horas que passaria com você, iria querer te servir, te mimar, estar aos teus pés e fazer amor até quase morrer, me aniquilar por você, fazer amor melhor ainda, não ter mais nenhum pudor, entregar-me completamente ao desejo, não me sentir mais nesta terra, estar esgotada a ponto de não ter mais a força de te dizer "te amo". Sim, é isso que eu gostaria de fazer antes de viajar para os Estados Unidos, estar tão esgotada, tão repleta de amor, que não pudesse mais fazer amor durante meses e esperar o maravilhoso regresso para ser novamente tua como uma cadela! Ah teus olhos quando você faz amor... tua pele ... tua voz ... só de pensar neles tenho a impressão de estar ali e é muito bom!!! *M'amour*, volte logo, para que eu te toque em toda parte; para que eu sinta o calor do teu corpo, para que tuas mãos me acariciem e eu perca toda a dignidade! Então meu menino adorado, esmague-me muito forte em teus braços apertando-me contra o teu corpo, toma-me docemente, demoradamente, ternamente, furiosamente!

Tua coisinha

Senhor Louis Gérardin
Posta restante
Agência central
Dives-sur-Mer
Calvados

(7 de junho de 1952)

Meu adorado,

Esperava impacientemente o teu telefonema e me senti tão boba quando você desligou, queria te dizer tantas coisas, mas você me paralisa, me intimida, e depois andei tendo umas ideias horríveis, disse a mim mesma que você não parecia muito comovido ao pensar em não me ver mais, deduzi até que seria conveniente para você e que se eu não tivesse insistido você teria ido embora aliviado, fico louca de tanto pensar e repensar, às vezes tenho vontade de ir para bem longe convencida de que é para a tua felicidade! Na sexta à noite telefonei para casa com a esperança desvairada de que você tivesse me chamado, mas aí, nada, fiquei mortalmente triste, você não pode imaginar o que eu sinto nesses momentos! Não quero jamais ser um inconveniente na tua vida, e me pergunto com angústia se vou saber te fazer feliz, antes não pensava nessas coisas, mas agora está se tornando uma obsessão, ah meu amor, se eu tiver a certeza de que não te darei a felicidade prefiro me sacrificar e permanecer na sombra na tua vida! Te amo tanto meu menino querido! Quando você acha que virá a Paris? Morro de vontade de te ver, de te tocar, de te pertencer como na quinta-feira, com toda a minha alma e todo o meu coração! Vou assinar os papéis do nosso apartamento às seis da tarde, na segunda-feira. Será que algum dia você virá? De todo modo ele será sempre teu, o que quer que aconteça. Meu menino adorado, talvez eu te deixe, é sempre duro para mim parar de escrever, cortar a comunicação, é quase tão difícil como quando você me deixa! Dá-me teus lindos olhos azuis para eu me afogar neles. Não esqueça nunca de que eu te amo mais [do que] a minha vida, mais do que tudo na terra e que nada poderá me fazer feliz senão você! Procure me responder, ficarei tão feliz! Te amo, te amo, te amo, te amo

Édith

Telegrama

14 de junho de 1952

GPM Gérardin

Não recebi carta hoje escrevo imediatamente te adoro só penso em você espero te ver logo mais

Tua coisinha toda tua mulher

Édith

Senhor Louis Gérardin
Posta restante
Agência central
Dives s/mer
Calvados

18 de junho de 1952

Esperei mesmo o teu telefonema, você é que decide!

Sempre tive muitas coisas para te contar, mas realmente sou incapaz de escrever, me sinto desiludida, agoniada! Se você quiser me ver ou telefonar, sabe que estou à sua disposição como sempre estive.

Você sempre fez tudo para me perder, e continua.

O principal nisso tudo é que você não tenha problemas, eu sou muito sincera ao te escrever isto! Deus é testemunha de que não desejo senão uma coisa, saber que você é feliz!

Gostaria que você guardasse o que está na casa da tua mãezinha, tenho tanto medo de que você se machuque, essa ideia é insuportável para mim, não quero mais um sofrimento, acredite já tenho a minha parte! Vou embora para ficar longe o mais tempo possível mas Totó te suplico, creia que o que quer que aconteça bastará um sinal seu e eu estarei sempre aí.

Você sabe que minha dor é grande!

Te amo com toda a minha alma e com todo o meu coração e serei sempre

Tua coisinha

Telegrama

17 de junho de 1952

Telefone terça entre 18 e 19h sem falta escreverei longamente à noite ponto faça impossível para vir ponto te amo, te adoro, eu para você.

Tua coisinha

Senhor Louis Gérardin
Posta restante
Agência central
Dives s/Mer
Calvados

19 de junho de 1952

Meu adorado,

Como sofri todos esses dias, estava realmente perdida, tinha a impressão de estar morta! Mas hoje de manhã que felicidade, ouvi tua voz querida, você me disse que me amava então tudo voltou a se iluminar para mim, cheguei até a achar este horrível apartamento magnífico! Querido, se você soubesse meu amor lindo como eu te amo, como meu amor é grande, profundo, imenso, você é tudo para mim e tenho certeza de que vou te amar sempre o que quer que aconteça, meu coração e minha alma são teus! Terça-feira vou para o nosso novo apartamento, teria adorado poder entrar nele contigo mas infelizmente...! Acabei de ligar para nossa mãezinha, ela disse que estava com saudades minhas, fiquei orgulhosa! Quando você acha que virá a Paris? E as férias? Em todo caso, meu amor, o que você decidir será ótimo, mesmo que você não venha passar alguns dias comigo, mesmo que eu vá para os Estados Unidos sem te rever, mesmo que fique um ano longe de você, eu sei tenho certeza de que te amarei com a mesma violência, portanto não apresse as coisas, se você acha que é preferível ficar em Cabourg; assim que eu concluir *Le Drap d'or* irei te ver, não crie problemas, não podemos edificar o nosso amor sobre a tristeza mas sobre a beleza, não se preocupe, vá com calma, nosso amor será mais forte do que tudo, você é quem está com a razão, você não pode se enganar, eu sei que você me ama, confio em você, te amo, te amo tanto! Portanto, se for conveniente para você, meu adorado, eu termino o *Drap* no dia 29 de junho, no dia 30 estarei no hotelzinho onde nos vimos na última vez, quanto mais o nosso amor for complicado mais será bonito! De toda maneira, precisaremos tomar muitas precauções porque Bichette mandará te seguir e enquanto tudo não estiver resolvido entre ela e você devemos ser prudentes, porque decidimos fazer as coisas direito e não tem sido fácil para nós. Então, por causa de uma imprudência não podemos jogar tudo fora, e depois adoro me dar tanto a você, os sofrimentos que vêm de você são magníficos, eu te pertenço, faça o que quiser comigo! Meu menino, teus lindos olhos, não esqueça que compreendo tudo o que vem de você, aceito tudo, você é toda a minha vida! Quero ser tua, te sentir em cima de mim, estar sem forças debaixo de você, que amo meu lindo adorado! Me dá a tua boca meu amor lindo, tuas mãos sobre o meu corpo, teus lindos olhos, numa palavra, você! Escreva-me que adoro! Até breve meu homem só meu! Tua coisinha que pertence *só* a você!

Senhor Nicolas
a/c Sr. e Sra. Gérardin
41 avenue Jean Jaurès
Boulogne-Billancourt
Seine
França

Nova York, 18 de setembro de 1952

Totó,

Quando você receber esta carta estarei casada, e devo ser honesta com Jacques e com você, faço isto de todo coração e estou feliz de fazê-lo, avisei mil vezes que você iria me perder mas você nunca reagiu então o que tinha de acontecer aconteceu; de tanto conviver ao lado de alguém que é carinhoso, gentil e cheio de atenções, a gente se deixa envolver e devo confessar que amo sinceramente Jacques! Não quero estender-me sobre esse assunto nem sobre nós, o que se pode fazer diante da realidade? Você se arriscou, todos os teus amigos e os nossos te alertaram, mas você não quis entender nada! Desejo de todo o coração que você não sofra, sei que você é forte e é um homem! Espero continuar tua amiga de todo o coração!

Não ouso pedir uma palavra sua: compreendo perfeitamente que é muito difícil me responder, gostaria que você não ficasse ressentido comigo, todas as vezes que você me magoava eu te perdoei, procure ser generoso também como eu fui!

Não ouso mais abordar a questão do dinheiro, não seria apropriado nesta carta, julgue você, sei muito bem que tudo o que fizer fará direito, por outro lado, se precisar use-o e me devolva quando puder porque um dia vou ter de pensar um pouco em mim, até agora os outros pensaram tão pouco, mesmo os que me amavam. Totó, gostaria realmente de continuar sua amiga e saiba que pode contar comigo em qualquer circunstância! Pela última vez assino:

Tua coisinha

Cartas e telegramas não datados

Carta 37

Meu adorado,

Parto com o coração dilacerado sem saber como vou viver sem você, te amo tanto meu amor, dizem que é preciso respirar para viver mas eu não posso respirar sem você!

Querido, tenho vontade de morrer tanta é a minha dor e tanto o meu medo do futuro, gostaria de não saber mais nada, gostaria de adormecer e nunca mais acordar. Sofro meu amor, sofro no meu coração e no meu corpo, preciso de você, você, você.

O que será de mim e como vou poder viver, não aguento mais, tenha piedade de mim, sofro demais.

Até quando?

E por que quando?

Quando? Quando? Quando?

Você não sabe até que ponto eu te amo!

Tua coisinha desesperada

Carta 38

Para Você minha coisa maravilhosa!

Meu lindo anjo loiro e azul,

Esta noite estou triste, triste de tanto te amar e de não ter você perto de mim, e depois tantas coisas me vêm à mente, quando penso que você tem medo de que um dia eu te fale coisas maldosas, acredita então meu lindo adorado que se eu te colocasse no mesmo nível dos outros, teria tirado a foto de Marcel, teria escrito as cartas que te escrevi inclusive aquela desta noite, que eu ousaria escrever "Eu te amarei sempre e *quero* que você seja o *último*" e as mil coisas que faço e que você não sabe; veja meu amor, mesmo que você viesse sem nada, você não acha que eu é que estaria mais pobre diante de você? Diante do teu gesto mais que magnífico, minha vida nunca seria suficientemente longa para te provar o meu amor, pense no sacrifício que você faria, no teu orgulho de homem, teus vinte anos de esforços, e vai querer que um dia eu te diga uma coisa tão horrível como que sou eu quem trabalha. Mas meu amor eu não teria nada no coração e não valeria a pena viver, eu te amo mesmo sem nada, e considero que tudo o que é meu te pertence, não tenho nada mas tudo é *nosso*! Se você soubesse meu bem-amado como tenho vontade de te abraçar bem apertado, como tenho vontade de dormir abraçada a *você,* contra *todos*; como tenho vontade de me pôr inteiramente em tuas mãos queridas, de abandonar-me totalmente para me tornar só você, diante de ti eu deixo de existir, sabe; sentar-me aos teus pés, colocar minha cabeça sobre tuas coxas, tomar uma das tuas mãos nas minhas para segurá-la contra os meus lábios, sentir teus lindos olhos sobre mim, sentir teu corpo bem perto de mim e ouvir a tua voz tão doce, tão maravilhosa, não há neste mundo felicidade maior, não peço mais nada, senão executar tuas vontades, ser dominada completamente por você, eu morro de amor por você! Dá-me tua bela boca para que sinta toda a doçura que é tão maravilhosa em todo você! Tua coisinha toda tua.

Carta 39

Você

Meu grande amor,

Esta noite percebo mais particularmente (por quê? não sei) quanto você deve ser maravilhoso, como tua missão é difícil, meu menino, gostaria de te ajudar mais, quando penso que ouso te recriminar por causa de um atraso enquanto você faz tudo por nós, pelo nosso amor maravilhoso, perdoe meu doce querido, perdoe-me por ser tão exigente, mas minha desculpa é todo o amor que tenho por você. Sinto meu coração repleto de você, envolto por você, mas saiba, meu adorado, que estou sempre contigo, não passa um segundo sem você no meu pensamento, a vida sem você não existe, sou tua para sempre, quanto mais os dias passam mais me convenço de que a minha vida é para você.

Querido, se você soubesse como sou feliz por te pertencer, tenho realmente a certeza de que vou conhecer *o amor* com você porque confio em você meu menino! Perdoe meu mau humor e entenda que meu amor é tão grande que eu perco inteiramente o controle.

Seja corajoso meu amor e convença-se de que vou te tornar tão feliz que teus tormentos logo serão esquecidos. Eu te abraço tão forte, fecho os olhos... Sinto o teu coração querido e penso que nunca na minha vida fui tão feliz, aperte-me nos seus braços com todas as suas forças para que eu entre dentro de você até o mais profundo de você. Tua pequenina.

Eu te amo, te amo, te amo. Dá-me teus lindos olhos...

Eu te ammmmmmmmmmmmmmmmo.

Carta 40

Meu amor querido,

Não se preocupe absolutamente, eu te amo o bastante para suportar qualquer coisa, e ao mesmo tempo me sinto muito mal por Bichette porque aceitar o que ela aceita é também uma grande prova de amor, ela também te ama com todas as forças e tenho pena dela.

E depois, o que posso pedir mais, você está aí e eu estou feliz, se eu te sentir feliz minha felicidade será completa.

Talvez eu devesse me sacrificar, não sei nada mas o que quero acima de tudo *é que você seja feliz*!

Pobre Bichette, como é duro ver alguém sofrer tanto, como gostaria que nada disso tivesse acontecido, você seria tão feliz e ela também!

Tentemos honestamente não enganá-la; talvez se vocês ficassem os dois sozinhos quem sabe pudessem se entender de novo... Você quer que façamos uma experiência, por exemplo, se eu parto sozinha em turnê pela pequena Lili... um mês e meio te ajudará quem sabe a refletir melhor e pelo menos teremos tentado alguma coisa por ela... O que você acha? Vamos dar uma chance a ela!!!

Eu tenho certeza de mim, te amo com todas as minhas forças e o que você decidir será bem feito.

Eu te pertenço e você é o único ser que importa para mim neste mundo acima de tudo!

Não se preocupe por mim meu amor, eu te amo, te amo, te amo, te amo, te amo, te amo, te amo até morrer de amor.

Édith

Obrigada meu adorado pelos dois dias maravilhosos que você me deu, não os esquecerei jamais, você é o meu doce querido que adoro.

Carta 41

Meu homem querido tão lindo,

Esta noite cantei para você, queria provar a todos eles que meu amor me dava coragem porque o que quer que digam ou que pensem, confio em você, no teu coração, eu sei que a justiça vencerá, você é honesto demais para não compreender um dia que neste momento você se sente perdido, tem uma ideia fixa: "teu dinheiro", talvez você compreenda então que neste mundo não existe outra coisa e que os homens de negócios não têm muito coração, tudo ficará claro para você dentro de alguns dias, você esquece depressa mas há coisas que não podemos esquecer e eu tenho coragem para te esperar porque te amo com toda a minha alma e sinceramente, não me importo com nada além de você, podem me julgar à vontade, estou tão feliz quando estou com você! Você verá o belo apartamento que vou te preparar e depois te prometo que me deitarei sem camisola, e você poderá entrar no banheiro quando quiser! Onde quer que eu esteja você está na sua casa, muito mais do que eu, porque eu não existo diante de você, eu sou *você*! Sabe, isso me faz lembrar de uma linda história de amor, um problema de dinheiro separa dois amantes que se adoram; os dois casam cada um com outra pessoa, mas isso não muda nada, dez anos mais tarde, tanto um quanto o outro sofrem horrores, eles se reencontram mas infelizmente é tarde demais porque ela morre de tanto sofrer com a separação e na história ela diz: "Sonhei que estava no paraíso, mas eu gritava porque ele estava no inferno eu queria encontrá-lo então os anjos choraram e me puseram no inferno, então me atirei nos braços dele rindo, finalmente estava feliz porque sofreria ao lado dele, eu amo o que ele ama, nós sofremos, juntos, eu sou *ele*!" Eu tenho essa mesma sensação, nada poderá nos separar, nada. Totó querido, sei que se não devesse mais te ver morreria docemente por isso! Você não imagina meu adorado o que representa para mim, agora você tem complexos porque durante anos te fizeram sentir complexado você é um homem meu Totó e ficará surpreso com sua reação um dia, são as circunstâncias que fazem os grandes homens e um dia eu sei que você surpreenderá o mundo, quando um fraco reage é pior que todo mundo, eu tive esse complexo com Asso, mas me libertei e venci, você também vencerá meu amor, estarei perto de você para te dar conforto. Eu sou mais forte do que você pensa, só que não grito isso aos quatro ventos, os homens que conheci na minha vida atormentada poderão confirmar, muitos deles eram campeões mas sem mim não eram nada! Montaremos uma bela editora de música que você vai dirigir sozinho, alguns ganham com facilidade, você é um campeão Totó e será um campeão em tudo o que você empreender, eu sei do que você é capaz, mas há grandes homens que são apagados por um único ser, e muitas vezes um ser inferior e só se dão conta disso quando estão longe. Veja a pessoa que nos apresentou, bom, ele me apagava completamente e no entanto... Desperta meu menino, acorda, prova a todos e a ela o que você é, foram tua vontade e teu valor que te tornaram o campeão que você é e ninguém mais!

Pense na vida serena que terá comigo, jamais ouvirá gritar uma mulher que te adora e que só vive para você! Você foi seduzido pela falsidade, creia, os que falam demais não sabem ouvir e se tornam imbuídos deles mesmos, calar é mais difícil e rende mais! Está aí meu menino que adoro! Não esqueça de que aquela que não fala demais, que não tem falsa modéstia, que sabe calar não é tão ruim assim e que poderá te trazer muita felicidade no futuro, dizem sempre que é preciso aproveitar as oportunidades, acho que eu sou a tua! Não esqueça que eu te amo mais que tudo no mundo, mais que a minha vida!

Fique tranquilo, você não verá mais Lulu nem Geneviève, você está *em tua casa* e Deus como eu te amo.

Tua coisinha!

Carta 42

Meu lindo amor azul,

Gostaria de tentar te escrever de maneira bem clara, vamos lá: para começar, quero te pedir a permissão para tomar algumas iniciativas antes que seja tarde demais! Em primeiro lugar, no que diz respeito ao lugar onde eu irei morar (porque, infelizmente, não posso mais dizer "nós iremos") no futuro, gostaria de comprar o terreno que tínhamos visto e de que gostamos e que além disso era em Boulogne, depois, mandar construir uma casa segundo o projeto que tínhamos esboçado, a vantagem seria que estaria tudo novo e do nosso agrado, com garagem e jardim, eu deixaria a casa muito bonita para um dia se você fosse infeliz demais do outro lado, saber que há um lar que te espera com um coração dentro dele! Eu receberia o bônus para a reconstrução e ficaria isenta de impostos por vários anos, você não acha que é a coisa mais razoável? Em segundo lugar, gostaria de vender o Aronde e comprar um Buick, o Comète não é prático para mim, mas o Buick tem todas as vantagens, o que você acha? Isso no que diz respeito aos negócios! Agora meu anjo amado, gostaria de te falar serenamente do que vem a seguir: não deixe Bichette, pare o processo de divórcio e a ação porque no fundo do teu coração é o que você quer, procure somente se puder deixar um cantinho para mim, preciso disso meu amor, não peço nada, venha me ver somente quando tiver vontade, eu te prepararei um cantinho de Paraíso e você virá aqui para relaxar. Ninguém vai saber disso, nunca mais sairemos juntos e assim você terá paz na sua casa e quem sabe poderá encontrar nela a felicidade que procura, eu viverei na tua sombra e como vou fazer o impossível para viajar ao máximo, não te aborrecerei tanto! Não sei por quanto tempo você ficará longe, mas quando voltar, dois meses depois da tua volta, partirei para uma turnê de um mês e meio e depois farei a grande viagem e tentarei ficar o maior tempo [possível] para não te aborrecer, você precisa me ajudar só um pouquinho e verá que consigo não ser incômoda, somente gostaria de manter sempre um contato com o teu coração, assim se te fizerem sofrer, eu estarei lá, me ponha num cantinho qualquer e talvez um dia você se sinta feliz de me ter! Agora se eu tiver a grande felicidade de ter você um dia, não se preocupe com o meu trabalho, não será mais um entrave à nossa união ao contrário, farei recitais e assim me ausentarei sempre bem pouco e se mesmo assim você não quiser, consagrarei toda a minha vida a você porque eu te amo mais do que tudo no mundo, é isso meu amor! Agora nunca faça bobagens, porque não será a outra que você estará matando, mas tua mãe e eu, isto é, aquelas que não merecem, nós te amamos, sinceramente, com o coração e com a alma, você é o nosso menino, não podemos viver sem você, você é toda a nossa vida e só respiramos com você, vivemos dias angustiadas à espera de ouvir o som da tua voz, pense nisso meu querido, pense em nossos dois corações, você tem o direito de pisar sobre eles mas não de esmagá-los, eles já sofrem o bastante, e olhe a felicidade existe, você está cansado mas o teu coração logo mais vai enxergar tudo claramente. Eu te amo e posso esperar por você indefinidamente se você me pedir mas eu te suplico, peça isso, seja egoísta comigo meu menino, eu pertenço a você e você tem o direito de fazer o que quiser comigo, o que quero é que você seja feliz. Pode pisar em cima de mim meu amor, sendo você será maravilhoso, deixe-me ficar na sua sombra, talvez um dia você fique contente por me ter em tuas belas mãos! Fiquei feliz hoje, você foi tão gentil, obrigada meu amor, desculpe minha cólera mas se você soubesse como sofri nesses dois dias, é que minhas palavras foram mais rápidas do que o meu pensamento, queria me estapear porque na realidade eu estava furiosa comigo mesma! Mande sempre notícias suas! Descanse bem, pegue sua bicicleta e procure recuperar a saúde, o equilíbrio e não se incomode por minha causa. Tua pobre coisinha.

E pensar que deveria viajar com você e no entanto estou aqui sozinha com a minha dor, sabe a vida é má às vezes! Eu te amo tanto, meu Deus.

Carta 43

Meu anjinho azul,

Não quero ver teus lindos olhos tristes, não quero te ver atormentado e infeliz, quero ver e ouvir a tua linda risada, sim meu menino, ria. Eu fico te esperando porque sei que você voltará para mim, meu amor é grande demais para acabar estupidamente, eu me agarro ao teu coração, te amo o bastante para te esperar pelo tempo que for necessário, sofrer por você é ainda maravilhoso, não tenho orgulho nenhum e eu não ligo para o que as pessoas pensam, só você é importante para mim. Vou ficar com este apartamento que te agradou tanto e vamos reformá-lo para o dia em que você estiver cansado de ser infeliz, e meu amor estará lá para te receber, vou te mimar, vou te amar tanto que você esquecerá todos os problemas e se deixará viver finalmente ao lado de uma mulher que te adora e que só vive por causa de você! Sim meu menino, não me importo minimamente com o que não seja você, basta que você diga uma palavra para que eu esteja aos teus pés, meu amor, relaxe, não pense mais em mim por enquanto, eu sei que Deus existe e ele não vai permitir uma injustiça, você acha que ela é corajosa, mas se engana, ela não tem escrúpulos, é completamente diferente, ela acha que eu vou acabar me cansando, ela não me conhece. Sempre lutei na minha vida e sempre ganhei, e vou te ganhar porque se trata da tua felicidade e da minha, eu não quero que ela te faça infeliz. Talvez eu tenha sido um pouco má dois dias atrás, mas o meu sofrimento era muito grande, eu te amo ainda mais, quero te pegar nos meus braços, tua boca linda sobre o meu pescoço e te dizer docemente: "Dorme meu menino, eu estou aqui e ninguém vai te machucar". Eu vou vencer porque te amo sinceramente do fundo da minha alma e sei que te pertenço diante de Deus, só você tem direito sobre mim, você pode fazer de mim o que quiser meu adorado, eu me submeterei e ficarei feliz com isso. Sim, prepare o nosso apartamento como você gosta, papai Gérardin cuidará do terraço e você poderá mobiliá-lo para o dia em que você chegar, vamos fazer como se nada tivesse acontecido, ela disse que vai acabar com você... sim nos meus braços, quero viver e morrer com você, eu te amo uma imensidão, você é meu menino e eu também vou saber te mimar. Você verá, se quiser meu menino querido, meu Deus como vou te fazer feliz, aos teus pés estou, uma palavra tua e eu farei *tudo o que você* quiser! Pode ser que um dia você me diga "Édith, vamos embora", Deus do céu, nesse dia nenhum contrato vai me prender, eu vou embora com o meu homem que adoro e vou cuidar dele como ninguém nunca cuidou! Agora não pense mais em nada, pegue sua bicicleta, vá para o parque, respire profundamente, só procure fazer com que ela não tire tudo de você, desconfie lá no tabelião, após o confisco ser anulado.

Por mim, você pode vir até nu, eu serei a mais feliz das mulheres! Meu menino querido, eu te amo: você é minha vida, meu anjo azul! Você vai ver, irá para os Estados Unidos comigo e será feliz queira ou não! Tenho medo de você, oh sim querido, mande meu amor, ordene e obedecerei ao meu doce senhor que amo. Beijo tuas lindas mãos queridas, tuas belas mãos que me enlouquecem quando me tocam, continuo me extasiando com teus belos olhos! Eu te beijo em toda parte onde você desejar e como você quiser, até me sinto tentada a transgredir as promessas. Eu pertenço ao meu senhor e ninguém neste mundo pode te amar como eu! Dá-me tua boca linda, meu lindo anjo azul, você é o homem mais lindo do mundo, ninguém se compara a você, pise sobre o meu coração eu não ligo, eu te amo, te amo, te amo, te amo, te amo.

Tua coisinha

Carta 44

Meu amor adorado,

Com certeza, é muito triste ir embora sem você, mas mesmo assim temos o que há de melhor, nós nos amamos e essa é a coisa mais difícil de conseguir na vida, pense que o nosso amor é tão grande que podemos sacrificar *tudo*, o nosso amor é mais forte que tudo, e pense que nós nos amamos profundamente tanto um quanto o outro, é maravilhoso meu amor lindo, eu também sou corajosa, tenho a sensação de que nunca me senti tão forte para lutar, não tenho medo de nada, se você é capaz de renunciar a tudo o que é teu, só existe você, tenha certeza de que eu serei corajosa, confio em você e tudo o que você fizer será bem feito, ela não pode me fazer sofrer, você me deu provas suficientes para eu crer em você, sabe; se ela me disser que faz amor com você vou olhar bem nos olhos dela e ela vai ver tanto desprezo nos meus que quem vai sofrer será ela, o teu coração não é dela, porque sei que é meu! Sabe, agora acredito que a minha felicidade está bem próxima, antes, eu não acreditava temia o pior, agora não mais, eu sei de onde vinha minha angústia, não tenho mais medo, eu sei meu anjo lindo que vou te fazer feliz, pertencemos ao mesmo mundo e nos compreendemos, também sei que esperava você, você existia, o meu coração sentia isso, só vivo por você, vou te dizer uma coisa de que me dei conta dias atrás, tenho uma vontade louca de viver porque você vive e tenho de novo medo de morrer, é a prova de que sou feliz! Meu menino, quando penso que um dia serei tua para sempre, você não imagina a felicidade que me inunda. Deixe que feche os olhos e acredite por um instante que estou perdida nos teus braços... Sou ainda menor do que imaginava... Te desejo meu menino. Tua pequenina

Carta 45

Meu amor lindo,

Preciso absolutamente te escrever meu adorado, para te dizer que apesar de todos os nossos aborrecimentos, sou feliz porque te sinto perto de mim, te amo como louca, querido meu lindo querido, meu coração está repleto de você, *minha vida te pertence.*

Gostaria de viver longe do mundo contigo, te servir, te adorar, te idolatrar como eu quero.

Quero me transformar para você, quero que você nunca mais tenha a mínima coisa a me recriminar, quero te ouvir, *me anular pra você,* quero que você me domine completamente por toda a vida.

Vou te esperar pelo tempo que for preciso, só confio em *você*!

É com você que eu sonho, é por você que eu espero, para quem eu vivo, sim você meu adorado, meu tão querido, obrigada por viver neste mundo, por existir.

Quando você estiver inteiramente na minha vida, juro que *nunca mais* vou beber, não verei mais Simone, farei exatamente o que você quiser, você será o meu dono *para sempre*: Quero *te pertencer como você deseja. Eu sou você!*

Deus, como te amo meu amor!

Eu confio, faça o que achar melhor, só quero ouvir *você* meu querido!

Quero te dar o que jamais dei a ninguém, quero ser digna dos teus olhos lindos. Quero ser uma mulher, uma mulher verdadeira, asseada, direita. Querido amado, confie em mim, meu coração agora só bate por causa do teu. Se você soubesse como eu te amo.

Carta 46

Meu adorado,

Cheguei tarde demais na tua vida para te dar os parabéns no dia do santo do teu nome, não ousei fazer isso no Natal, mas pelo fim deste ano que começa tão maravilhosamente, dessa vez vou criar coragem e tentar acabar com a minha timidez, claro, não é grande coisa, gostaria de te oferecer o universo inteiro com tudo o que contém de maravilhoso, sabe; no fundo dar é uma coisa egoísta, a gente sente uma alegria tão grande!

Meu amor lindo, nunca pude oferecer-te nada tão grande e tão lindo quanto o que você me ofereceu (teu amor e suas provas). A não ser eu mesma com toda a minha infelicidade.

Obrigada meu muito querido pela felicidade que você me dá, estou feliz como nunca estive na minha vida e tenho a certeza de te amar para sempre até além da vida.

A agenda é para marcar os nossos dias de amor, o lápis para você me emprestar para escrever as dedicatórias nas fotos (nunca tenho lápis) e a carteira para guardar os bilhetes de amor que vou te escrever quando não puder mais guardar só pra mim este amor enorme que transborda do meu coração.

Esqueci de te desejar bom ano, mas isso a gente ainda pode dizer. Nunca esqueça de que eu sou *você* e que morro de amor por você.

Assinado: a Felicidade em pessoa

Carta 47

Meu adorado,

Que garota estúpida fui, não me dei conta de nada e agora percebo claramente todas as minhas tolices. Rolland e Charles por um lado, os primeiros a botar para fora, depois Ginette que não ia mais embora, ela estava lá quando acordamos e quando adormecemos por minha culpa, e entretanto nossa intimidade era incrível e eu a estraguei, e em seguida Ginette e Fernand fazendo amor no nosso apartamento que deveria ser somente *nosso*, enfim mil detalhes, sei também que você não gosta de alfinetes na roupa nem de botões que faltam, compreendo muitas coisas e infelizmente é tarde demais, mas por que você não disse nada? Eu teria entendido logo e queria tanto te fazer feliz e te dar prazer, agora estraguei tudo, peço perdão por ter pensado que você era um canalha, é que eu não tinha entendido, Deus meu Deus como é triste... E pensar que eu te amo tanto, que você é tudo para mim! Oh meu querido, me dê mais uma chance porque você me ama, agora sei do que você precisa, já voltando da turnê não vai ver mais nem Rolland nem Charles e Ginette vai ficar lá em baixo onde estava o teu closet e se você um dia voltar ela irá embora. Vou despedir o meu pessoal e você escolherá o novo para você se sentir o verdadeiro patrão, agora percebo que você parecia uma visita não ousava dar ordens, por quê, querido, por que não disse nada, eu que só quero ouvir você! E também serei uma verdadeira mulher com você, quero te obedecer cegamente! Volte para mim meu amor porque você me ama, não deixe o nosso amor lindo se perder, seremos tão felizes. Dê a Bichette 3 ou 4 meses com você e depois volte, volte mesmo sem nada meu amor, eu sou toda tua e tudo o que eu sou é você. Não me tire a única possibilidade de ser feliz por você, me deixarei guiar por você meu anjo azul. Insisti para você fazer as coisas depressa, tinha tanto medo de te perder e querendo te guardar eu te perdi. Também fico pensando nós nunca almoçamos ou tomamos o café da manhã sozinhos, coitada de mim não entendi nada! Sim querido dê 3 ou 4 meses de felicidade a Bichette, deixe tudo para ela pra compensá-la pelo desgosto que você vai lhe dar e volte meu amor! Acho que você se sentiu em falta com Bichette, você tirou tudo dela e afinal foi ela que teve aquele belo gesto então como você é decente tudo contribuiu para te fazer voltar para ela, se nós não tivéssemos sido enganados por Pélissette muitas coisas não teriam acontecido. Enfim, não vamos voltar ao passado, não há como voltar atrás, mas o futuro pode ainda melhorar e podemos ter anos tão maravilhosos, diz, você não ia querer que um amor lindo como o nosso se perdesse não é? Não servisse pra nada? Meu querido, fomos felizes demais para que tudo isso morra. Mas por que diabo você não deixou todas as tuas coisas na casa dos teus pais? Por que você não foi para a casa deles, pelo menos poderíamos ter falado, você não teria feito o irreparável, foi você que fez o primeiro gesto deixando Bichette e ela acabava por se acostumar com a ideia, além disso, se você tivesse dito que ia para a casa dos teus pais, ela ficaria relativamente feliz, você deixaria tudo pra ela e acredite, teu gesto teria sido tão bonito quanto o dela, vocês estariam quites, foi ela quem teve a ideia primeiro de levar tudo, você fez o mesmo com ela, então ela quis se redimir retirando a queixa, você devolveria seu mantô, suas jóias, depositaria o resto com um advogado esperando se entender com ela, mas agora tudo isso não passa de um sonho. Volta querido, por outro lado não precisa voltar se não quiser fazê-la sofrer e em seguida partiremos os dois para bem longe como em lua de mel, e agora que entendi, acho que seremos maravilhosamente felizes... O que você acha? Eu te amo meu amor vou morrer de tanto amor! Me tome como quiser, concordo inteiramente.

Caro Senhor que sabe o que quer... da parte da senhora que não sabia nada, infelizmente...!

Carta 48

Meu anjo adorado,

Não tenha medo, meu menino, tudo vai bem, a cabeça está bem!

Mas mesmo assim querido, não espere demais, lembre que às vezes querendo ter demais corremos o risco de perder tudo, não se pode recuperar o tempo perdido. Não queira demais meu amor, somente o nosso amor vale todas as fortunas do mundo.

Pense que por uma imprudência poderíamos pôr tudo a perder, aliás meu menino procure encontrar uma ou duas horas amanhã, gostaria de falar com calma com você.

Não vou sair daqui, portanto se você pretende ir embora me telefone e irei te encontrar onde você quiser.

Se você soubesse o quanto eu quero ser *tua*, o quanto quero te amar como eu desejo!

Venha logo meu adorado, não podemos perder estas horas tão lindas, não temos a vida inteira para nos amarmos meu menino, eu te amo tanto que o meu coração sufoca de tanto amor!

Se você soubesse como quero estar bem para você, ah meu amor querido, tenho a certeza de que *jamais* lamentará o que vai fazer por *nós*, querido, minha vida toda te pertence, eu sou *você*!

Beijo as tuas lindas mãos que amo tanto e vou adormecer com você, te ammmmmmmmmmmmo.

Tua pequenina

Carta 49

Mamour querido,

Uma palavrinha rápida antes de ir embora. *Confio em você*, perdoe minhas fraquezas é que te amo tanto que quando preciso te deixar não consigo raciocinar!

Antes de ir quero que você saiba também que não estou aborrecida por você ter ido embora e que não me gabo absolutamente por você ter voltado porque todos os dias te escrevo que se você não quiser deixar Bichette, se for para a tua felicidade ficar com ela, fique e eu te amarei na sombra sem que ninguém saiba jamais, sofro só de pensar que você possa acreditar que dou importância ao que as pessoas irão pensar, não, não quero simplesmente acabar com o meu coração contando toda vez por que você foi embora!

Nunca pense nada de mal de mim, essa é a única coisa que me faria ir [para] bem longe de você!

E quando te proponho abandonar minha profissão não é pra alardear minha felicidade, mas pra escondê-la! Não acredita?

Preste bem atenção no que Bichette escreve ou te diz.

Eu morro de amor por você meu menino sem nenhum orgulho mas com tudo o que tem de melhor em mim! Não duvide de mim você me magoa. Tua coisinha!

Carta 50

Meu Rei tão amado,

Devo absolutamente te escrever uma palavrinha esta noite para procurar te fazer entender toda a angústia e o tumulto do meu coração.

Tenho medo, meu menino; medo de te perder; e esse pensamento me enlouquece de terror. Não ria meu querido acho que realmente poderia morrer.

Posso aceitar tudo de você, meu amor, mas não me deixe, faça de mim o que quiser mas não me deixe!

Entende, meu adorado; quando proponho timidamente alguma coisa e você responde sistematicamente não; eu digo a mim mesma que você não me considera uma coisa *tua*: enquanto eu, meu amor, me considero *tua* mulher, uma coisa tua, e nada do que eu tenho me pertence, e eu necessito tanto. Tenha coragem você também, nosso amor vale alguns meses de sofrimento não é? Querido vou te fazer feliz *tenho certeza*; me dê a chance e a tarefa maravilhosa de te fazer feliz, deixe que eu ame tua mãezinha como se fosse a minha, deixe que eu a tome emprestado um pouquinho; e que eu considere tua irmã como minha irmã, deixe que eu seja maravilhosamente feliz com você. Que o amor que você me fez conhecer se torne uma coisa sublime entre nós. Eu te juro que *te farei feliz*! Farei *tudo* o que você *quiser*, você é o *meu dono diante de Deus*! Cuide bem da nossa casa meu menino porque nada me dá mais prazer: tenho realmente a impressão de que quando discute por causa da nossa casa você constrói o nosso futuro com as tuas mãos com todo o teu corpo, com toda a tua alma e o teu coração; querido, querido, te amo enlouqueço por você... Ah, como eu te amo, te amo, te amo, te amo. Tua rainha

Tudo é teu, eu não existo, é você que vive, eu não sou mais nada só *você*! Então por que não me considera como algo que faz parte de você, nossa vida deve ser uma só e o dia em que você me disser "Preciso de tal coisa ou daquela outra" nesse dia, serei a mulher mais feliz do mundo; porque entenderei que você e eu somos um só! Querido, eu vou esperar por você o tempo que for necessário, aceito *tudo* de você, você nunca poderá imaginar quanto eu te amo; não só com a minha própria carne mas também com a minha alma, você aquece o meu coração, e é bom sentir que além do amor tenho uma ternura infinita por você, te amo como um filho meu e se pudesse ficar com todos os teus problemas, com que alegria o faria! Mas te digo mais uma vez, faça realmente o que quiser comigo; eu te amo tanto que estou disposta a aceitar tudo se isso te fizer feliz!!! Mas, se tiver a imensa felicidade de um dia te pertencer... Deus do céu, vou querer viver aos teus pés de tanto que eu te amo, te sentir com toda a tua força de macho. Depois que você me fez conhecer o amor, tenho uma espécie de gratidão em relação a você, sinto que te pertenço como jamais pertenci a um homem, *nenhum homem fez amor comigo antes de você*, nenhum! Meu anjo fique tranquilo, não falo nada mas se você soubesse como sofro às vezes, sobretudo meu anjo amado nunca me deixe, o que vai ser de mim sem você! Tudo menos isso!!! Quando penso que amanhã vou embora, sinto que tudo escurece ao redor, tenho mesmo a impressão de um imenso abismo! Amanhã, procure me confortar.

Carta 51

Ao Homem mais amado da terra!

Carta 52

Meu adorado,

Quero te escrever para bater papo contigo. Se soubesses como tudo é vazio sem você meu menino, como sinto o coração apertado quando você vai, quando você não está perto de mim não tenho mais vontade de nada, que poder você tem meu menino, por isso precisa me perdoar quando estou deprimida, fico tão feliz de olhar os teus olhos, sentir tuas mãos te ouvir falar, sei que nunca poderia te contrariar, serão sempre teus olhos que dominarão, *tenho certeza*! Meu amor, faça o que tem de fazer, você jamais pode errar, tudo o que você decide é sempre perfeito, a minha mente compreende isso, é o meu coração que não é razoável, te amo demais!

Querido, como quero ser tua, ser dominada por você, só respirar por você. Você verá meu amado como vou te fazer feliz, farei sempre o que você quiser. Te amo meu amor lindo, te amo como louca até morrer de amor, não quero nada mais nesta terra só te fazer feliz.

Vivo pra você, te pertenço por inteiro. Me toma contra o teu corpo me aperta com todas as tuas lindas forças meu querido, como é que você pode ser tão maravilhoso!!! Eu te amo meu menino, eu te admiro tanto e te respeito.

Tua pequena toda tua

Carta 53

Meu querido adorado,

Perdão, perdão, perdão meu amor. Eu que tinha jurado nunca mais te aborrecer, estraguei a nossa noite; oh perdão meu adorado. Nunca mais vai acontecer, jurei para mim mesma depois que você foi embora.

Mais uma vez, seja horrivelmente egoísta, exija tudo de mim, me ame apenas pelo teu interesse, isto é, somente por você, faça de mim o que quiser, peça tudo de mim, se você soubesse como fico feliz quando você pede. Em certos momentos, gostaria que você me trancasse num lugar, longe de tudo, somente para você, que pusesse a chave no bolso, sem que ninguém soubesse onde eu estava, só você saberia onde eu estava e seria enfim completamente feliz.

Eu te amo, te amo, te amo e tudo o que você faz é maravilhoso!

Menino, meu pequeno anjo, mesmo assim nosso amor é maravilhoso, repleto de tormentos e de lágrimas mas quando você abre a porta o céu se clareia diante de mim, quando você chega é mais lindo que tudo.

Não, não vou ficar longe meses a fio, não, não poderia te deixar por tanto tempo, não se preocupe meu anjo, eu farei tudo, virei para você! Esperarei pela vida toda se for preciso, o objetivo da minha vida é *você*, vou te merecer meu amor, vou conquistar o *fundo* do teu coração quero com todas as minhas forças que você seja feliz, mesmo que eu deva sacrificar toda a minha vida à tua felicidade. É isso, meu anjo, você não vai mais me ouvir chorar, eu sou tua e sou a mulher mais feliz porque você me ama, diante de Deus eu me considero tua mulher, sou eu que te pertenço porque te amo do fundo da minha alma.

Tua coisinha toda tua

Se você pudesse me trancar em algum lugar longe de tudo e pudesse viver só para você esperando de manhã até a noite o momento em que você abrisse a porta!

Carta 54

Tudo o que eu posso te dizer é que te amo mais que tudo no mundo e que tenho certeza de que te amarei sempre!

Quero te ver porque tenho certeza também de que um dia ficaremos juntos por toda a vida!

Te amo meu menino querido.

Te amo, te amo e estou horrivelmente desesperada.

Tua coisinha para *todo o sempre*

Carta 55

Totó meu amor que amo tanto,

Não devo te julgar, você fez o que achou que devia fazer, talvez seja mesmo mais feliz com "ela". Deus é testemunha de que é o que te desejo de todo o meu coração.

Mas se um dia se sentir infeliz, saiba meu amor que estou te esperando, bastará que você apareça e eu serei a mulher mais feliz do mundo. Teria gostado de te ver de novo mas não foi esse o seu desejo, teria entendido se você se desse ao trabalho de me explicar, talvez pra você, é claro, eu não valia mesmo a pena. Só desejo uma coisa que Deus tenha piedade de mim e me chame perto d'Ele, a vida para mim se resume a você, teria sido tão feliz e no entanto vou ser a mais infeliz. Mas você vale a pena que eu morra de amor por ti!

Para mim, você é o mais lindo, o mais maravilhoso e abençoo Deus por te ter conhecido, tive uma felicidade tão grande pensar que um dia seria toda tua!

As únicas coisas que não entendo, por que o apartamento?

Todos os que foram tuas testemunhas? Por que enganar tanto as pessoas?

Eu sou católica mas não sei se a minha fé me impedirá de fazer certas coisas.

Se ao menos você me escrevesse.

Se eu tivesse a certeza de te ver de novo.

Se eu acreditasse no teu amor.

Mas agora?

Eu te amo, meu amor azul.

E mesmo assim acredito na justiça então te espero,

Se minha pobre vida pequenina me permitir. Mas meu Deus como eu te amo.

Você vem? Me escreve?

Não me deixe sozinha perdida neste mundo. Pobre de mim

Nasci num dia de dezembro...

Nasci num dia de dezembro...[1]

Nasci num dia de dezembro, às 5 horas da manhã, e como ainda não sou tão velha a ponto de esconder a minha idade, posso confessar que foi em 1915. Para não mentir a respeito das minhas origens, foi vontade de Deus que eu nascesse na rua, como diz uma das canções de Aristide Bruant; na rue de Belleville exatamente, ao lado da Delegacia de Polícia. Dois policiais de serviço tiveram de fazer as vezes da parteira e me ajudaram a vir à luz, parece que comecei a berrar imediatamente. Foi minha primeira canção.

Dois meses mais tarde, minha mãe me abandonou. Meu pai me entregou logo à mãe da minha mãe, para que tomasse conta de mim. Quando eu tinha dois anos e meio, a mãe do

1 O texto, aparentemente ditado por Edith Piaf e apresentado como uma tradução, destinava-se provavelmente a uma turnê da cantora nos Estados Unidos. (N.E.)

meu pai, com ciúme da minha outra avó e se aproveitando da ausência dela, um dia me pegou e me levou para Vernay, uma aldeia da Normandia.

Lá, tudo mudou para mim. Eu era amada e mimada por todos, é verdade, entretanto, o destino não foi bondoso comigo. Fiquei cega, até a idade de sete anos. Os médicos acharam que eu tinha perdido a visão para sempre e que nunca mais voltaria a ver o céu, as árvores, as flores, o sol, todas as coisas tão lindas que a natureza tinha colocado diante dos meus olhos.

Minha avó, que era muito religiosa, de repente resolveu me levar a Lisieux. Lá rezou por muito tempo a Santa Teresa e me fez rezar com ela. Confesso que o fiz sem grande convicção. Lembro que era o dia 20 de agosto e minha avó, movida pela fé, pediu à santa que me devolvesse a visão no dia 25, na festa de Santa Luísa, a santa do seu nome. No dia 25 de agosto, às 4 da tarde, recuperei a visão. Todo mundo em casa ficou louco de alegria. As pessoas falavam em milagre. Eu fiquei deslumbrada porque podia ver de novo as coisas que tinham sido escondidas de mim por cinco anos. Nunca poderia imaginar que as pessoas tivessem aquele aspecto. Eu me olhava em todos os espelhos, surpresa de ver um rosto que desconhecia. Eu me beliscava, não conseguia acreditar que fosse possível. Quando soube da notícia, meu pai veio me buscar e quis ficar comigo. Ele trabalhava no circo e eu o acompanhei até a idade de quinze anos por toda a França, compartilhando da vida daquelas pessoas nas viagens.

Nesse período, meu pai percebeu que eu tinha uma voz bonita e achou que poderia tirar algum proveito dela. Ele me fez cantar nos cafés, nas praças e isso nos permitiu sobreviver. Meu pai me mimava demais, estava maravilhado por ter uma filha que sabia cantar. Ele se sentia enormemente envaidecido.

Ao longo das minhas peregrinações conheci todo tipo de público e aprendi a arte de impor silêncio aos que me ouviam. E isso era estranho nos cafés das aldeias, naquelas tabernas de povoados onde todo mundo tinha o hábito de gritar. Eu chegava, com meu ar de menininha perdida, de olhos grandes bem abertos. E todo mundo parava de falar. As pessoas calavam porque eu era uma menina mas também porque ficavam emocionadas com a minha voz. Detesto admitir mas confesso que eu devia ter algum talento teatral naquela época. Com os anos, a minha voz foi ficando mais potente. É inútil dizer que meu pai se esqueceu totalmente de me mandar para a escola. Segundo ele, eu podia aprender do mesmo jeito sem professor. E começou a me ensinar a História da França, mas não era muito caprichoso e tinha o hábito de dizer "um século a mais ou a menos, não faz a menor diferença".

Quando completei quinze anos, o amor pela liberdade que tinha herdado do meu pai me estimulou a deixá-lo e comecei a lutar sozinha pela vida. Mas fiquei muito surpresa ao constatar que, depois que fiquei só e quase uma moça, as pessoas eram indiferentes ao que eu achava que podia chamar de meu talento. Ninguém mais prestava atenção à minha voz, mais ninguém. Procurei um editor após o outro, fiz um teste após o outro. E sempre me diziam a mesma coisa: "Mandaremos a resposta por carta". "Nosso catálogo está completo, talvez mais tarde..." Os mais gentis acrescentavam: "De fato, sua voz não é ruim, mas ainda precisa ser bastante trabalhada...".

Enfim, desanimada com tantos fracassos e cansada de bater em vão a tantas portas, comecei a cantar na rua. Cantei em todas as ruas de Paris, com uma amiga que recolhia as moedas, porque eu era orgulhosa demais para isso. Nunca pedi esmola, faço questão de insistir nesse ponto. Se as pessoas me davam alguma coisa, fazia de conta que não via. Era a minha amiga que recolhia o dinheiro, porém os resultados eram exatamente os mesmos.

Adorava cantar na rua. Cantava as músicas que me agradavam. Cantava para o céu que estava em cima da minha cabeça. Cantava para alguém que olhava por mim lá de cima. Nunca me senti humilhada por cantar na rua. Mesmo agora, quando penso nisso, tenho a impressão de que poderia fazer tudo de novo, com a maior facilidade. Um dia, eu cantava na rue Troyon, perto dos Champs-Elysée. Um homem bem vestido parou e me perguntou se eu aceitaria cantar numa boate, à noite. Sua pergunta quase não me surpreendeu. Eu sempre soube que um dia alguém me compreenderia. O homem se chamava Louis Leplée.

Louis Leplée tinha uma das boates mais chiques de Paris. Ele me deu o endereço, me pôs na mão uma moeda de cem sous e disse para ir falar com ele dali a três dias. O encontro estava marcado para a segunda-feira, às 3 horas, e naquela segunda-feira, às 3 horas, eu ainda estava na cama. De repente, lembrei do compromisso e fiquei em pânico, pulei da cama, me vesti em dez minutos e me precipitei para o metrô mais próximo. Às 4 horas o Sr. Leplée que me esperava na porta do seu estabelecimento gritou: "O que a senhora vai fazer quando se tornar uma estrela...". Ele me mostrou o interior da boate, o salão era bonito, nunca tinha visto nada tão lindo. De repente me senti muito pobre e me perguntei se Leplée não teria enlouquecido por querer me exibir, eu que era tão miserável, num ambiente como aquele. Ele me pediu para cantar todas as canções que eu sabia. Não gostou de nenhuma e me aconselhou a aprender outras músicas. Me indicou uns dez títulos. Detestei todas aquelas canções, mas... o patrão era ele. Pela primeira vez na vida, o pardal[2] estava na gaiola. Leplée queria que eu estreasse dali a quatro dias e desejava que eu me apresentasse com os trajes que eu vestia quando ele me descobriu, cantando na rua (se é que se podia chamar traje uma simples saia e uma malha.). Ele pediu que eu tricotasse uma blusa da mesma cor da saia para o dia da estreia e eu imediatamente pus a mão à obra.

Chegou o dia da estreia e as mangas ainda não estavam terminadas. Tricotei até a hora de cantar, mas não adiantou, minha blusa tinha só uma manga ... Para disfarçar a falta, Leplée enrolou meu braço na echarpe que Yvonne Vallée (a mulher de Maurice Chevalier) tinha me dado para dar sorte. Leplée me apresentou a todos os seus clientes elegantes em trajes de gala e todas aquelas mulheres de vestido de noite, levando-me pela mão, e explicando como ele me tinha descoberto. Eu não sentia nada. Estava como que entorpecida, não olhava ninguém. Meu cabelo estava horrível, minha roupa dava pena, meus sapatos e minhas meias nem pareciam sapatos e meias.

Pus as mãos atrás das costas, me apoiei em uma coluna e comecei a cantar. Quando parei, houve um silêncio mortal. Mil pensamentos me vieram à mente. Será que eu tinha conseguido emocioná-los a esse ponto? Ou estavam intimidados pela minha miséria? De repente, os aplausos explodiram na minha cabeça... Eles aplaudiram por muito tempo... Tempo demais... Fechei os olhos. Eram os primeiros aplausos que eu ouvia e

2 *Piaf*, em francês. (N.T.)

para mim aqueles aplausos assumiram proporções extraordinárias. O sabor do sucesso me deu uma espécie de embriaguez. Tive vontade de chorar. Cantei dez canções sem fazer um gesto. Maurice Chevalier que estava no meio do público disse então uma coisa que nunca vou esquecer: "Essa menina tem muita coragem". Mistinguett também estava lá, e outras celebridades parisienses. Eu tinha vencido.

A imprensa começou a falar de mim, mas isso não me impressionou minimamente, achava aquilo natural. Em todo caso, naquela época, não compreendia por que motivo as pessoas falavam de mim. A única coisa importante para mim era a sensação que experimentava todas as noites, os aplausos que me davam vontade de aprender a cantar e o amor pela canção.

Seis meses passaram como num sonho. Eu nunca pensei que poderia cantar em outro lugar. Minha felicidade estava ali, naquela boate, e não precisava procurá-la em outro lugar.

Uma manhã, uma manhã terrível, quando ia me encontrar com o meu benfeitor, que tinha sido o meu único verdadeiro amigo, ele estava morto... Foi morto num assalto. Tudo desmoronava ao meu redor. De repente, a rua me deu medo. Não era da rua em si que eu tinha medo, mas da ideia de não poder mais ouvir os aplausos de que tanto gostava e também de não rever mais o rosto do homem que me tinha descoberto, que me tinha dado tanta felicidade e ensinado tantas coisas em tão pouco tempo.

Os jornais voltaram a falar de mim, mas dessa vez, não diziam nada de bom a meu respeito. Eu era apenas a garota que tinha sido tirada da rua... Com certeza eu sabia quem tinha cometido o crime... A polícia me prendeu. Ninguém se preocupou com a minha dor, fiquei tão arrasada que não consegui responder a todas aquelas perguntas que me faziam sofrer.

Minha miséria não era suficiente... ainda tinha de ser acusada de um crime horrível... Finalmente, incapaz de provar qualquer coisa contra mim, a polícia me soltou.

Mas esqueceu de mencionar que eu era totalmente inocente.

Fiquei muito surpresa quando comecei a receber propostas de todos os lados para cantar. O que eu não sabia era que os empresários eram loucos por publicidade. Eu era uma mulher envolvida num escândalo... Pouco se importavam com o meu talento. Felizmente para mim, só fui entender isso mais tarde, do contrário nunca mais teria aceitado cantar. Quando apareci diante do público, fui vaiada, mas então compreendi que tinha alguma coisa em mim capaz de reduzi-lo ao silêncio, dominá-lo, porque no final me aplaudiu. O público deve ter compreendido que eu era sincera. Mas quando aquela publicidade perversa se acalmou, ninguém mais quis me ouvir cantar. Os empresários me deram as costas. Então entendi e o desânimo tomou conta de mim. Deveria continuar? Sim, por amor àquele que estava lá em cima, por aquele que me tinha estendido sua mão caridosa, por aquele que sempre chamei Papai Leplée, meu segundo pai. Finalmente a sorte me sorriu. Outro homem entrou na minha vida: Raymond Asso, um grande compositor que compreendeu a minha angústia e me estendeu a mão. Ele me ensinou a conhecer realmente uma boa canção e compôs músicas maravilhosas para mim, que me tornaram famosa. Então começou a nossa luta, uma luta difícil contra os empresários. Queríamos vencer, queríamos mostrar do que éramos capazes. Queríamos escrever lindas canções, apesar das decepções e apesar das desgraças. Muitas vezes choramos como crianças. Um dia, finalmente, tive a alegria de ver meu nome escrito em letras grandes no cartaz de um grande teatro em Paris. Tive a felicidade de constatar que meu nome tinha bastado para encher a sala. Ouvi o público gritar e aplaudir. Eu tinha vencido. Deveria dizer "nós" tínhamos vencido, porque Raymond Asso tinha uma grande parte no sucesso conseguido. Três quartos cabiam a ele, só a ele.

Então veio a guerra. Ela nos separou. Tive de lutar ainda e ele não escrevia mais canções. Tinha perdido um amigo, ele escrevia para outros cantores e não mais para mim, mas eu tinha aprendido a ter coragem.

Encontrei outro compositor, Michel Emer, que compôs para mim quatro ou cinco canções maravilhosas. Em seguida, veio Henri Contet que também escreveu várias, lindíssimas. Não eram realmente canções, mas poemas. Tive dificuldade em fazer com que o público as compreendesse, mas finalmente consegui. Uma mulher também escreveu músicas muito lindas para mim, canções comoventes, como eu gosto, populares sem jamais cair na vulgaridade. Essa mulher é Marguerite Monnot.

Você conhece a minha vida atual, não vou contar os detalhes, demoraria demais.

Meus projetos? Gostaria de ir para a Inglaterra ou os Estados Unidos. Tenho muito carinho pelo povo anglo-saxônico. Seus sentimentos são os meus. Se Deus me ajudar, mais uma vez, quem sabe irei dentro em breve para o outro lado do oceano, para um novo país, para uma nova luta.

Esta obra foi composta em
Garamond Premier Pro 12/16.5.
Impressa em papel Pólen Bold 90 g/m² pela
gráfica RR Donnelley,
em Barueri – SP.